75 JAHRE REFORMIERTE BLINDENSEELSORGE

T V Z

ANGELINA GREEFF

75 JAHRE REFORMIERTE BLINDENSEELSORGE

Gelebte Inklusion – ein Werk setzt Zeichen

Herausgegeben vom Verein für reformierte Blindenseelsorge

T V Z

Theologischer Verlag Zürich

Publiziert mit freundlicher Unterstützung der Evangelisch-reformierten Landeskirche des Kantons Zürich

Bibliografische Informationen der Deutschen Nationalbibliothek
Die Deutsche Nationalbibliothek verzeichnet diese Publikation in der Deutschen Nationalbibliografie; detaillierte bibliografische Daten sind im Internet über http://dnb.dnb.de abrufbar.

Buchgestaltung und Satz
Typothetica | Katarzyna Czerwiec-Buczek

Druck
CPI books GmbH, Leck

ISBN 978-3-290-18401-8 (Print)
ISBN 978-3-290-18402-5 (E-Book: PDF)

GELEITWORT

«Glück empfinden zu können,
ist eine Fähigkeit, die Menschen mit
und ohne Behinderung verbindet.»
Richard von Weizsäcker

Warum ist es im Jahr 2021 noch immer nicht selbstverständlich, dass sehbehinderte, blinde und sehende Menschen einander vorbehaltsloser vertrauen?

Inklusion muss gemeinsam gelebt werden, aber in einem Umfeld, in dem «sehen können» selbstverständlich vorausgesetzt wird, ist das eine Herausforderung besonderer Art. Im Alltag erfahren sehbehinderte und blinde Menschen oft Wechselbäder zwischen Hilfsbereitschaft und Ablehnung. Wie kann man da Vertrauen finden? Wenn jemand bei einem Gespräch dem Gegenüber aufgrund von Sehproblemen nicht in die Augen schauen kann, wird das ungewohnte Reagieren seit unzähligen Jahren oft als merkwürdiges Verhalten eingestuft. Durch den fehlenden Blickkontakt können Deutungen wie «Dieser Mensch hat etwas zu verbergen, er ist unehrlich oder er hat ein schlechtes Gewissen» für Betroffene verletzend sein. Die gelingende Teilhabe eines sehbehinderten Menschen am gesellschaftlichen Leben hängt nie nur allein von ihm ab. Es braucht Ehrlichkeit und Vertrauen aller Beteiligten, damit Inklusion im Alltag in Schule, Beruf und Freizeit gelebt werden kann.

Im Glauben werden Gemeinsamkeiten entdeckt und gefördert, Menschlichkeit, Vertrauen und gegenseitige Wertschätzung werden vorgelebt. Durch diese Gemeinsamkeit entsteht eine Zusammengehörigkeit, die stark macht und Sicherheit gibt. Als ich 1998 auf dem zweiten Auge meinen bescheidenen letzten Sehrest auch noch verloren hatte, überforderten mich die Anforderungen durch die Sozial- und Hilfsmittelberatung im Blindenwesen. Was war in meiner persönlichen Situation in dieser Zeit wirklich wichtig, um einen Weg aus dem langen Tunnel zur Akzeptanz der Erblindung zu finden? Zahlreiche Fragen beschäftigten mich. Wo kann ich Kraft und Vertrauen finden, um neue Aufgaben anzugehen? Wie werde ich in die Welt der Blinden aufgenommen? Nachträglich betrachtet war es für mich ein Glück, dass ich meinen geliebten Beruf als Lehrerin aufgrund meiner Erblindung aufgeben musste. Schliesslich durfte ich die Chance nutzen, nochmals ein Studium zu absolvieren, um nach erfolgreichem Abschluss erweiterte Lebenswege gehen zu können.

Aus eigener Erfahrung weiss ich, dass es neben der wichtigen fachlichen Unterstützung, die das Blindenwesen bietet, für die Bewältigung von Sehbehinderung und Blindheit in jedem Lebensalter auch unbürokratische Angebote braucht. Der persönliche Glaube jedes Einzelnen, Vertrauen in das Umfeld und die aktuellen Umstände der Betroffenen stehen im Fokus der Zusammenarbeit. Individuelle Begleitung, gezielte Förderung, Unterstützung jeglicher Art gehören zu den zentralen Elementen. Gerade durch die Begegnungen mit Mitbetroffenen werden hilfreiche Lebensperspektiven aufgezeigt. Als Glarnerin kannte ich auf meinem Weg zur Erblindung die Reformierte Blindenseelsorge noch nicht. Inzwischen weiss ich, dass zwischen Betroffenen, deren Angehörigen und wo immer möglich auch dem erweiterten Umfeld Menschen auch zukünftig stabile Brücken brauchen, die auf vertrauensvollen Fundamenten aufgebaut sind. Brückenbauende der RBS engagieren sich dafür, die Welt der Sehenden und der blinden und sehbehinderten Menschen auf der Ebene des Vertrauens zu vernetzen.

Viele vorbildhafte Erfahrungen sehbehinderter und blinder Menschen in diesem Buch zeigen auf beeindruckende Art, wie Teilhabe an der Gesellschaft gelebt wird. Glücklicherweise gibt es immer wieder engagierte sehende und nicht (gut) sehende Menschen, die Inklusion leben, indem sie Ehrlichkeit und Vertrauen bedingungslos schenken und offen für Neues sind.

Helene Zimmermann

Helene Zimmermann ist Sozialwissenschaftlerin und führt, vorwiegend im Bildungs- und Gesundheitsbereich, verschiedene Projekte zur Inklusion sehbehinderter und blinder Menschen durch.

ABKÜRZUNGEN

BSV	Bundesamt für Sozialversicherung
HEKS	Hilfswerk der Evangelischen Kirchen der Schweiz
IV	Invalidenversicherung
IVG	Bundesgesetz über die Invalidenversicherung
KSBOB	Kreisschreiben über die Beiträge an Organisationen der privaten Behindertenhilfe
RBS	Reformierte Blindenseelsorge Von 1946 bis 2000 nannte sich der Verein für Reformierte Blindenseelsorge im Kanton Zürich «Reformierte Blindenpflege für den Kanton Zürich». Dieser Name ist in Zitaten aus Quellen anzutreffen; sonst wird die Institution mit «Reformierte Blindenseelsorge» oder dem Kürzel RBS bezeichnet.
SBS	Schweizerische Bibliothek für Blinde, Seh- und Lesebehinderte
SBV	Schweizerischer Blinden- und Sehbehindertenverband
ZBLIND	Schweizerischer Zentralverein für das Blindenwesen

Die Quellen der Zitate, die in den Anmerkungen nicht nachgewiesen sind, gehören zum Archivmaterial der Reformierten Blindenseelsorge.

EINLEITUNG

Das Jahr 2021 hat begonnen und manche haben sich gute Vorsätze gefasst. Für die Reformierte Blindenseelsorge hat dieses Jahr eine ganz besondere Bedeutung, denn sie kann auf ihr 75-jähriges Bestehen zurückblicken. Um sich der eigenen Geschichte und Bedeutung bewusster zu werden, entschied sich der Vorstand 2019 zu einer Jubiläumsschrift. Das Buch soll sich an all diejenigen Interessierten richten, die das einst Gewesene und dessen Werdegang besser verstehen wollen. Die einzelnen Schicksale, pionierhaften Leistungen und kleinen Anekdoten zeigen der Leserin und dem Leser, ob blind oder sehend, wie durch die stete Zusammenarbeit von Blinden, Sehbehinderten und Sehenden über die Jahrzehnte hinweg ein einzigartiges Werk entstanden ist.

«Seit meiner Jugend ist mir ein Blinder vertraut gewesen, der seinen Lebenslauf jetzt vollendet hat. Er hat sich seinen Konfirmationsspruch zur Lebenslosung gemacht und ist darüber froh und getrost geworden: ‹Ich will Dich mit meinen Augen leiten.› Es ist mein Wunsch und meine Bitte, dass unsere evangelische Blindengemeinde mehr und mehr Zeuge solch gläubiger Zuversicht werden dürfe.» Das Zitat stammt von Pfarrer Hugo von der Crone, dem ersten Blindenpfleger der RBS. Selbst stark sehbehindert, übernahm er für viele Jahre dieses Amt und setzte sich auch noch lange nach seiner Pensionierung für das Wohl sehbehinderter und blinder Menschen ein. Er ist nur einer unter vielen, dank deren unermüdlichen Einsätzen und gläubiger Zuversicht die Reformierte Blindenseelsorge bis heute besteht. Das Buch möchte Zeugnis davon geben, dass gerade auch kleinere Institutionen wie die RBS wesentlich zur Inklusion sehbehinderter und blinder Menschen in die Gesellschaft beitragen. Auch im heutigen modernen Sozialstaat gibt es immer noch Lücken, wodurch einzelne Menschen in grosse Not oder Einsamkeit geraten. Die Reformierte Blindenseelsorge sieht gerade darin ein Betätigungsfeld, sich auch denjenigen zuzuwenden, für die sonstige Angebote schwer zugänglich oder schlicht unzugänglich sind.

Der Schweizerische Zentralverein für das Blindenwesen hält in einer Publikation von 2019 fest, dass es in der Schweiz insgesamt 377 000 sehbehinderte Menschen gibt, wovon rund 50 000 überhaupt kein Sehpotenzial, also völlig erblindet oder blind geboren sind.[1] Wie geht der moderne schweizerische Sozialstaat auf diese Menschen ein? Wie kann einem Sehbehinderten ein möglichst selbstständiges, selbstbestimmtes und in die Gesellschaft integriertes Leben ermöglicht werden? Öffnet man die Augen für diese Thematik, entdeckt man in Zürich eine Vielzahl von Institutionen, die sich auf die eine oder andere Weise sehbehinderten Menschen widmen und sich für deren Bedürfnisse einsetzen.

Die Reformierte Blindenseelsorge wurde 1946 ins Leben gerufen. Sowohl das christliche Anliegen der Nächstenliebe wie auch das Anliegen des Reformators Zwingli, es möge jeder arbeiten, der arbeiten kann, wurden und werden bei diesem Verein in die Tat umgesetzt.[2] Seit der Gründung wird das Amt des Blindenseelsorgers von einer Person mit Sehbeeinträchtigung wahrgenommen. Auch wenn die heutige Blindenseelsorgerin Ursula Graf schmunzelnd meint: «Es mues halt immer emaal wider es Aug usgleent werde», zeigen die vergangenen 75 Jahre, wie die Blindenseelsorger/-innen und Vorstandsmitglieder Unglaubliches geleistet haben, wohl auch deshalb, weil sie teils selbst Betroffene waren.

Vom Almosengeben zur beruflichen Eingliederung: ein historischer Abriss der Blindenfürsorge im Kanton Zürich

Blinde galten seit jeher als hilfsbedürftig. Heute gibt es von öffentlicher wie auch privater Seite Institutionen, die sich um die materielle Sicherheit wie auch um das Wohl und die Bildung von Blinden und Sehbehinderten kümmern. Die Geschichten dieser Einrichtungen reichen jedoch selten über das vergangene Jahrhundert hinaus, obschon es gerade da, aufgrund fehlenden medizinischen Wissens, noch mehr Menschen mit einer Sehbeeinträchtigung gab als heute. Wo fanden die blinden und sehbehinderten Menschen früherer Jahrhunderte Unterstützung und wie meisterten sie ihren Alltag? Hatten bereits Zwinglis soziale Reformen Einfluss auf das Leben blinder und sehbehinderter Menschen oder musste erst eine Figur wie Valentin Haüy in Erscheinung treten?

DER ALLTAG VON BLINDEN UND SEHBEHINDERTEN VOR DER REFORMATION

Blinde und Sehbehinderte konnten aufgrund ihrer Behinderung und der bis ins 19. Jahrhundert fehlenden Strukturen zur Eingliederung in die Gesellschaft selten einer Arbeit nachgehen und waren somit zwangsläufig auf Hilfe angewiesen. Besonders die Ärmeren und Alleinstehenden landeten wohl früher oder später bei der Bettelei. Bis 1525 gehörte die Vergabe von Almosen seitens privater Wohltäter wie auch kirchlicher Institutionen zur gängigen, ja sogar empfohlenen Praxis im Umgang mit Bettlern. Die Kirche ermunterte ihre Gläubigen zu spenden, da die damalige religiöse Auslegung dem Wohltäter künftiges Seelenheil versprach.[3] Daneben gibt es auch eine Urkunde von 1323, die zeigt, dass selbst die städtische Obrigkeit aus Zürich den Blinden das Betteln als Erwerbsquelle zuwies. Bürgermeister und Rat wollten vermeiden, dass eigentlich gesunde Blinde, die die benötigten Almosen selbstständig erbetteln konnten, freie Spitalplätze belegten.[4] Das Betteln war in der vorreformatorischen Zeit somit eine wichtige, wenn nicht die wichtigste Erwerbsquelle alleinstehender und armer Blinder. Nicht in jedem Fall scheint jedoch die Blindheit für das erfolgreiche Mitleiderhaschen ausreichend gewesen zu sein. Besonders die umherziehenden Blinden mussten mit grossem Misstrauen rechnen, denn eine damals übliche Praxis zur Bestrafung gewisser Verbrechen bestand in der Blendung. Dabei stach man dem Verurteilten mit einem stumpfen Gegenstand die Augen aus, verletzte den Augapfel mit einer scharfen Klinge oder versengte die Netzhaut mit einem glühend heissen Spiess. Die Blendung galt als schwerste der Verstümmelungsstrafen und wurde in gewissen Fällen anstelle der Todesstrafe vollzogen.[5] Die Todesstrafe wurde bei Verbrechen wie Mord, Strassenraub, Diebstahl, Notzucht, Ehebruch und Brandstiftung verhängt.[6] Doch nicht nur bei solchen Delikten, sondern auch bei leichteren Vergehen wie «schnödem Reden» gegen die Obrigkeit oder betrügerischem Spielen mit falschen Würfeln kam die Blendung zur Anwendung. Zog nun ein fremder Bettler blind daher und bat um Almosen, musste er mit Argwohn rechnen und erst das Vertrauen oder den Respekt der Stadtbewohner gewinnen.

*Abb. 1: Holzschnitt, 1530:
Vollzug einer Blendung: Eine Person liegt gefesselt auf einem Brett, ein Mann sticht ihr mit einer Art Spatel den Augapfel aus.*

Auch die jeweils vorherrschenden Konjunkturlagen waren ausschlaggebend, wie erfolgreich umherziehende Menschen bettelten. Krisen führten immer wieder dazu, dass Menschen in Existenznot gerieten und sich die Anzahl bettelnder Hände erhöhte.[7] Die Überforderung und ablehnende Haltung der Städte angesichts der teilweise grossen Scharen umherziehender Bettler zeigt sich besonders anhand einer Schrift. Die «Basler Betrügnisse der Gyler» (rotwelsch für Gauner, Bettler) wurden in der ersten Hälfte des 15. Jahrhunderts verfasst und vom Basler Magistrat veröffentlicht. Es sind Pamphlete gegen die Bettelei und können als solche nicht für bare Münze genommen werden. Dennoch sind darin gewisse Vorgehensweisen geschildert, die Aufschluss darüber geben, mittels welcher Strategien gerade auch blinde Bettler das Vertrauen, die Gunst oder das Mitleid der Städter zu gewinnen versuchten. Eine Stelle im Buch berichtet von Blinden, die bei Ankunft in einer Stadt blutige Baumwollbäusche mit einem Tüchlein über die Augen gebunden hatten. Den Leuten erzählten sie, sie seien Kaufleute und im Wald von bösen Menschen an einen Baum gebunden und geblendet worden. Wären nicht «ungeferlich lute dazu komen», sie wären «daran verdorben». An anderer Stelle wird vor falschem Wunderglauben gewarnt, da es blinde Bettler gebe, die sich mit bemalten Tafeln vor ein Kirchentor gestellt hätten und den Leuten von wundersamen Erlebnissen an Wallfahrtsorten berichteten, «wie si ze Rome, zu Sant Jacob und andern verren stetten gewesen sient, und sagent von grossen zeichen, die da geschehen [...]». Zuletzt wird noch vor solchen blinden Bettlern gewarnt, die um Kugelhüte bäten: «si [die Kugelhüte] sien in verstoln worden oder habent sy verlorn in den schuren, da si denn gelegen sint.».[8] Kugelhüte waren eine damals gängige Mode. Sie wurden für Bittgänge eingesetzt, kennzeichneten je nach Couleur und dekorativen Supplements einen Beruf oder brandmarkten eine ganze Gruppe.[9] Die Blinden erbettelten diese Hüte, um sie wieder zu verkaufen.

Trotz der eigentlich bedauernswerten Lage dieser blinden Bettler und den doch aus heutiger Sicht eher harmlos anmutenden Geschichten wurde das Urteil in den «Basler Betrügnissen» ohne grosses Erbarmen und Einfühlungsvermögen gefällt, «daz doch alles ein betrugniss und ein beschisz ist». Die Absicht der Schrift ist klar. Die Bettler erscheinen allesamt als Betrüger und hinterlistige Typen, die man von jeder Stadt fernhalten wollte. Das Überleben durch Bettelei war also alles andere als sicher.

ZÜRCHER ALMOSENORDNUNG VON 1525: VERÄNDERTER STATUS DES BETTLERS

Nicht nur Basel wollte der Bettelei Einhalt gebieten. Zwingli und die Vorsteher der Stadt Zürich versuchten in der Limmatstadt ebenfalls, das rege betriebene Almosenerhaschen aus dem Stadttreiben zu tilgen. Hierzu sollte die Armenfürsorge nicht mehr wie bislang durch die Kirche, sondern neu durch die Stadt erfolgen. In der 1525 erlassenen Almosenordnung wurde das Betteln wie auch jegliche private Spendentätigkeit verboten und unter Strafe gestellt.[10] Fortan sollte ein Bedürftiger, der sich keiner gravierenden moralischen Fehltritte schuldig gemacht hatte, von städtischer Seite finanziell unterstützt werden. Zu den sogenannten moralisch integren Armen gehörten Alte, Kranke, Invalide sowie Witwen und Waisen. Das Geld für deren Unterstützung nahm die Stadt aus dem eigens hierfür geschaffenen Almosenfonds, geäufnet mit Erlösen aus der Verstaatlichung der Kirchengüter im Zuge der Reformation. Von der Stadt neu eingesetzte Armenpfleger erfassten die in Zürich wohnhaften Bürger, die finanzieller Hilfe bedurften. Mittels regelmässiger Kontrollgänge wurden die Situation und das Verhalten der Hilfebezüger überprüft. Wenn es ein Bedürftiger auf die Liste der Armenpfleger schaffte, erhielt er finanzielle Unterstützung aus dem Almosenfonds. Wenn ein Sehbehinderter oder Blinder nicht das Bürgerrecht der Stadt Zürich besass, wurde er in seinen Heimatort geschickt oder schlicht aus der Stadt verwiesen.[11] Das so entstandene Heimatsortprinzip in der Fürsorge blieb in Zürich bis 1929 bestehen. Danach wechselte man zum Wohnortsprinzip, wo neu die Armenfürsorge des Wohnortes im Falle einer Hilfsbedürftigkeit zuständig war.

Wer arm, blind und nicht in seiner Heimatgemeinde lebte, hatte es demzufolge alles andere als leicht. Es gab zwar aufgrund der Reformation eine neue Almosenordnung, die den ehrbaren Blinden und Sehbehinderten eine Form von Sicherheit bot, jedoch beschränkte sich die Fürsorge lediglich auf materielle Aspekte. Dazu gehörten gelegentliche Geldspenden, die Austeilung von Mahlzeiten, Lebensmitteln oder die Gewährung von Spitalpfründen. Ein ehrbarer Blinder konnte diese Leistungen auch nur dann von der Stadt beziehen, wenn Angehörige nicht dafür aufkommen konnten. Somit blieb das Betteln auch nach der Einführung der neuen Almosenordnung für nicht sesshafte oder in die Unehrenhaftigkeit abgerutschte Blinde oder Sehbehinderte nach wie vor die einzige Möglichkeit, an Geld zu gelangen.[12] Da es Privatpersonen neu jedoch untersagt war, Geld zu geben, waren solche Bittgänge vermutlich weniger erfolgreich als in früheren Zeiten.

Obschon die Reformation eine Form von Arbeitsethos kannte, nach der jeder arbeiten solle, der arbeiten könne,[13] wurden keine Überlegungen dazu angestellt, wie man Blinde und andere Behinderte fördern und in Arbeitsprozesse integrieren könnte. Für die Umsetzung solcher Ideen mussten in der Schweiz erst weitere 250 bis 300 Jahre vergehen. Natürlich gab es immer wieder einzelne Blinde, die trotz Beeinträchtigung hervorragende Arbeit erbrachten, — sei es als Gelehrte, Dichter oder Tonkünstler.

PFARRER BLINDHANS: VON SEINER BLENDUNG UND DEM BLINDENSTEG ÜBER DIE TÖSS

In der Reformationszeit ereignete sich eine ganz besondere Geschichte, die hier als symbolische Geburtsstunde der frühen reformierten Blindenseelsorge gelten soll.

Das egalitäre Gedankengut in Zwinglis Schriften bestärkte die Landbevölkerung, sich gegen die Obrigkeiten und deren Forderungen zur Wehr zu setzen. Zwingli sprach sich entgegen dem Zeitgeist für den Stand der Bauern aus, da diese ihr Geld mit harter und ehrlicher Arbeit verdienten.[14] In Süddeutschland wie auch in der Schweiz kam es zu Unruhen und Aufständen.[15] Die Bauern forderten die Befreiung von gewissen Abgabeverpflichtungen. Die Führungsschicht wie auch viele Vertreter der Kirche waren jedoch nicht gewillt, auf solche Einnahmen zu verzichten.

Der gebürtige Thurgauer Pfarrer Johannes Rebmann amtete während dieser Auseinandersetzungen im süddeutschen Klettgau.

Abb. 2: Pfarrer Johannes Rebmann alias Blindhans beim Blindensteg zwischen Embrach und Dättlikon. Er wird von einem Mädchen geführt und ist im Gespräch mit einem Handwerker, der das Holz für die Brücke zurüstet.

Ebenfalls angespornt durch Zwinglis Schriften unterstützte er die dort ansässigen Bauern in ihren Anliegen. Dieser Einsatz kam ihn teuer zu stehen. Der dort regierende Graf Rudolf der Jüngere von Sulz sah in Rebmann eine Art Rädelsführer. Um ein warnendes Exempel für weitere Aufrührerische zu statuieren, blendete er den Pfarrer und einen der Bauernhauptmänner am 10. November 1525 auf der Küssaburg. «Mit dem vermeintlichen Anführer der Delinquenten gibt es kein grosses Erbarmen. Ohne ein Verhör, geschweige denn einer Gerichtsverhandlung, wird Johannes Rebmann gefoltert. Auf bestialische Art und Weise werden ihm die Augen ausgestochen.»[16] Die dokumentierte Geschichte von Pfarrer Johannes Rebmann endete glücklicherweise nicht an diesem Punkt. Der geblendete Pfarrer erhielt einige Jahre später in Lufingen, Zürcher Unterland, eine Pfarrstelle, wo er viele Jahre wirkte und den bis heute nach ihm benannten Blindensteg bei Dättlikon über die Töss erbauen liess. Der Steg verband die an der Töss liegenden Gemeinden und ermöglichte dem blinden Pfarrer, sie besser zu betreuen.

Ob der Pfarrer bei seinen damaligen seelsorgerischen Rundgängen auch blinde Gemeindemitglieder besuchte, darüber schweigt das vorliegende Quellenmaterial. Bemerkenswert und erfreulich für diese Zeit ist in jedem Fall die Tatsache, dass ein Erblindeter sein früheres Amt weiterhin ausüben durfte.

So wie einst Rebmann eine Brücke baute, wirkt die Reformierte Blindenseelsorge heute in übertragenem Sinne. Sie möchte Blinde miteinander verbinden wie auch Brücken zwischen Blinden und Sehenden schlagen.

INTERVIEW MIT PFARRER TOBIAS GÜNTER, VORSTANDSMITGLIED DER RBS

Herr Günter, Sie sind trotz starker Sehbeeinträchtigung Pfarrer von Volketswil geworden. Können Sie mir von Ihrem Werdegang berichten? —— Ich wurde am 7. Oktober 1988 geboren und wuchs in Zuzwil bei St. Gallen auf. Ich kam mit einem genetisch bedingten grauen Star, das heisst einer Linsentrübung, zur Welt. Ich hatte und habe bis heute einen Sehrest von 18 Prozent. Damit kann ich Farben, Umrisse von Personen und grosse Buchstaben erkennen. So war es mir auch möglich, die Regelklasse der Primarschule zu besuchen und das normale Alphabet zu erlernen, obschon ich immer auf stark vergrösserte Buchstaben angewiesen war. Da mir das Erlernen von Sprachen und Mathematik nie grosse Mühe bereitet hat, gelang mir die Aufnahmeprüfung ans Langzeitgymnasium in Gossau SG, wo ich 2009 die Matura ablegte. Aufgrund meiner Sehbeeinträchtigung wurde ich bei der Aushebung als doppelt untauglich eingestuft. Ich durfte weder in den Militär- noch in den Zivildienst – dies mit der Begründung, dass die Militärversicherung mir eine lebenslange Rente im Falle eines Unfalles auszahlen müsste. Ich bedauerte diesen Entscheid sehr. Einerseits hätte ich mir einen Ausgleich zur kopflastigen Schulzeit gewünscht und andererseits wollte ich mir mit dem kleinen Verdienst im Militär ein Stück Unabhängigkeit ermöglichen. Nun denn, ich schrieb mich an der Universität Zürich für den Studiengang der reformierten Theologie ein. Ich schloss im Frühling 2016 ab. Um die Zeit bis zum Beginn meines Lernvikariats sinnvoll zu nutzen, meldete ich mich als freiwillige Hilfskraft für einen dreimonatigen Einsatz im Gästebetrieb der Communauté Don Camillo in Montmirail. Dies ist ein von evangelischen Christen geführter Betrieb, wo ich simple Tätigkeiten wie Garten- oder Putzarbeiten verrichten konnte. Ich habe sehr viele schöne Erinnerungen an diese Zeit.

Im August 2016 begann dann mein Lernvikariat in Kreuzlingen. Ich wurde in die üblichen vier Tätigkeitsfelder eines Pfarrers eingeführt und getestet: Gottesdienst, Gemeindeleitung, Seelsorge und Unterrichtstätigkeit für Konfirmanden und Oberstufenklassen. Seit Oktober 2018 bin ich ordiniert und als Gemeindepfarrer von Volketswil gewählt.

Sie wurden soeben in den Vorstand der RBS gewählt. Wie und wo kamen Sie erstmals in Kontakt mit der RBS? —— 2017 besuchte mich Ursula Graf in Kreuzlingen, wo ich mein Lernvikariat absolvierte. Sie wurde durch einen Zeitungsartikel auf mich aufmerksam. Mein Ausbildungspfarrer, Damian Brot, ist eine äusserst mediengewandte Person und motivierte mich, ein Interview zu meinem Alltag als Lernvikar mit starker Sehbeeinträchtigung zu geben. Ursula las besagten Artikel und schrieb mich daraufhin per Mail an. Sie wollte mich persönlich kennenlernen und so trafen wir uns in Kreuzlingen. Eine Wiederaufnahme des Kontaktes erfolgte erst wieder im Oktober 2018, als Ursula mir zur just erfolgten Ordination gratulierte. Im Dezember 2019 meldete ich mich auf Ursulas Anfrage hin beim Vorstand der RBS, um an einer Vorstandssitzung teilnehmen zu können. An der Vereinsversammlung vom 17. September 2020 wurde ich in den Vorstand gewählt.

Wann und wie fanden Sie den Zugang zum Religiösen? —— Mein Elternhaus hat mich nicht sonderlich religiös geprägt. Wir gingen an Weihnachten und Ostern traditionellerweise in die Kirche und ich wurde auch konfirmiert. Mein Interesse für ethische und religiöse Fragen wurde vor allem während meiner Schuljahre am katholischen Gymnasium in Gossau geweckt. Jeweils nach den Ferien gab es eine Frühmesse, die mich immer sehr in Bann gezogen hat. Das Erleben dieser Messen hinterliess ein Gefühl, das später nebst meinem analytischen Interesse für ethische Fragen des Zusammenlebens wohl auch auf meine Studienwahl mit eingewirkt hat. Während des Studiums durfte ich dann wirklich die Güte Gottes am eigenen Leib erfahren. Wenn ich irgendwie nicht mehr weiterkam, wandte ich mich im Gebet an ihn. Gott hat mir immer weitergeholfen.

Erhielten Sie während Ihrer Ausbildung Unterstützung vom BSV oder von der Landeskirche? —— Während all meiner Ausbildungsjahre lebte ich aufgrund meiner finanziellen Situation bei den Eltern. Erst nach Abschluss meines zweiten Lernjahres als Vikar — ich hatte das grosse Glück, die beiden obligatorischen Lernvikariate am selben Ort in Kreuzlingen absolvieren zu dürfen — hatte ich genug Geld, um aus dem Elternhaus ausziehen zu können. Der ersehnte Umzug erfolgte, als ich im Oktober 2018 die Pfarrstelle in Volketswil antrat.

Die IV unterstützte mich während meiner Schuljahre, indem sie die doch beachtlichen Kosten für die Vergrösserungen des Lernmaterials übernahm. Im Studium wurde diese Unterstützungsleistung hinfällig, da die technischen Geräte so weit entwickelt waren, dass ich Bücher und Vorlesungsmaterialien selbst einscannen und über einen Computerbildschirm vergrössert lesen konnte.

Was mich nach Abschluss meiner Studien überraschte, war die doch sehr kritische Haltung der reformierten Kirche gegenüber einem Menschen mit Beeinträchtigung. Um ordiniert werden zu können, musste ich vor der sogenannten Kommission für kirchliche Eignungsabklärung bestehen. Ein Ausschuss entschied anhand einer Potenzialanalyse, ob ich fähig sei, ein Pfarramt zu übernehmen. Ich erfuhr da eine stark leistungsorientierte Mentalität, die ich nicht unbedingt in Übereinstimmung mit christlichen Werten bringen konnte. Die vielgepriesene Nächstenliebe schien plötzlich völlig an Relevanz verloren zu haben. Über dreissig Bewerbungen habe ich geschrieben und kein einziges Mal wurde ich zu einem Vorstellungsgespräch eingeladen. Nun gut, schlussendlich bin ich dann ja doch ins Pfarramt gewählt worden.

Ich liebe meinen Beruf, denn mich interessieren Lebensgeschichten. Zuhören kann ich besser als zusehen – und als Seelsorger gehört Zuhören zu meinen wesentlichen Aufgaben.

Worin sehen Sie den Wert einer reformierten Blindenseelsorge?
—— Ich gestaltete im September 2020 zusammen mit Ursula Graf einen Gottesdienst zum Thema «Sehschärfe». Diese Art öffentlicher Sensibilisierung für Themen unterschiedlichster Beeinträchtigungen erachte ich als sehr sinnvoll, weil so das Verständnis oder der gegenseitige Respekt wächst. Auch die durch die RBS ermöglichten Besinnungswochen im Sommer finde ich toll. Viele Blinde und Sehbehinderte können sich Ferien kaum leisten, und wenn sie das Geld haben, trauen sie sich doch häufig nicht, in die unbekannte Ferne zu fahren. Durch das Angebot einer Besinnungswoche gibt man blinden und sehbehinderten Menschen die Möglichkeit, in geschütz-

tem Rahmen und mit anderen Betroffenen für eine Woche wegzufahren, Neues zu erleben wie auch Bekanntschaften zu schliessen.

Für die Zukunft fände ich es interessant, eine verstärkte Zusammenarbeit mit der Landeskirche aufzubauen. Die Reformierte Blindenseelsorge könnte beispielsweise Kurse für Vikare anbieten, um die künftigen Pfarrer auf eine bessere Inklusion sehbeeinträchtigter und blinder Menschen in die Gemeinde vorzubereiten.

BILDUNGS- UND INTEGRATIONSMASSNAHMEN WERDEN TEIL DER BLINDENFÜRSORGE

Wohlsituierte Sehbehinderte hatten in den vergangenen Jahrhunderten immer schon den Vorteil, sich von der eigenen Familie oder gegen Entgelt umsorgen und in gewissen Fällen sogar bilden zu lassen. So beschreibt der Mathematiker Jacob Bernoulli in seiner Biografie, dass er die blinde Tochter des reichen Kaufmanns von Waldkirch aus Schaffhausen im Mai 1667 unterrichten durfte. Er brachte ihr nicht nur das Schreiben bei, sondern konnte ihr auch zufriedenstellende Kenntnisse der Logik, der Physik und der Geschichte vermitteln.[17] Auf den planmässigen Schreibunterricht wird besonders verwiesen, da zu dieser Zeit noch keine allgemein gebräuchliche Blindenschrift existierte. Durch den Privatunterricht ermöglichte Herr von Waldkirch seiner Tochter eine gewisse Unabhängigkeit und Selbstbestimmung. In den Genuss eines solchen Privilegs kamen zu dieser Zeit jedoch nur die wenigsten Blinden. Erst im Zuge der Aufklärung wurden die geistigen Voraussetzungen für humanitäre Bemühungen geschaffen, die auch Gedanken zu einer allgemeinen Besserstellung von Menschen mit einer Behinderung zuliessen. Frankreich nahm dabei eine Vorreiterrolle ein. Paris beherbergte als Grossstadt Arme aller Art und in grosser Zahl. Das Elend und der gesellschaftlich primitive Umgang mit solchen

Menschen führten dazu, dass einzelne Personen zur Tat schritten und verschiedene Anstalten eröffneten.

Valentin Haüy (1745—1822), später bekannt als Vater der europäischen Blindenbildung,[18] glaubte nicht nur daran, dass sehbehinderte Menschen zur geistigen Bildung fähig seien, sondern er bewies es auch. 1784 traf er auf den sechzehnjährigen Blinden François Lesueur, der an einer Kirchentür bettelte. Haüy überzeugte den Jungen, regelmässig Unterricht bei ihm zu nehmen. Daraus wurde bald ein Unterricht für zwölf Blinde. Um Unterstützung zu bekommen und eine breitere Öffentlichkeit für seine Anliegen zu gewinnen, wandte sich Haüy an die Akademie der Wissenschaften in Paris. Seine Lehrmethoden und Ergebnisse wurden überprüft und gutgeheissen. Daraufhin breitete sich diese Neuigkeit schnell in ganz Europa aus und vielerorts entstanden Bildungsanstalten für Blinde. Auch in Zürich stiess die Idee eines Bildungszentrums für Blinde auf fruchtbaren Boden. Auf Vorschlag des Arztes Johann Kaspar Hirzel eröffnete die Zürcher Hülfsgesellschaft am 6. Januar 1810 die schweizweit erste Erziehungsanstalt für Blinde im Haus zum Roten Ochsen am Weinplatz. Das Ziel der Institution wird im ersten Jahresbericht wie folgt umschrieben: «Dieser unglücklichen Menschen-Classe ihr Schicksal dadurch zu erleichtern, dass ihre Kräfte und Fähigkeiten geweckt, entwickelt, und sie also in den Stand gesetzt würden, sich vermittelst der erlangten Kenntnisse und Fähigkeiten wenigstens einen Teil ihres Unterhaltes zu erwerben, mithin selbst glücklicher und ihres Daseyns froher zu werden.»[19]

Später wurden in Bern (1838), Lausanne (1843) und Freiburg (1903) weitere Bildungsstätten für Blinde und Sehbehinderte eröffnet.

Mit der Gründung solcher Anstalten war ein erster wichtiger Schritt auf dem Weg zur Integration sehbehinderter Menschen in die Gesellschaft getan.

Ebenfalls von unschätzbarem Wert für die Bildung blinder und sehbehinderter Menschen war die im 19. Jahrhundert erfolgte

Durchsetzung einer allgemein anerkannten Blindenschrift. Der durch einen Unfall früh erblindete Louis Brailles (1809—1952) hatte im Alter von sechzehn Jahren ein Punktschriftsystem entdeckt, das vom Artillerie-Hauptmann Charles Barbier bereits 1816 erfunden worden war. Barbier hatte die Schrift entwickelt, um seinen Soldaten nachts Befehle übermitteln zu können, ohne dass sie ihren Standort durch Einsatz von Licht hätten verraten müssen. Die Schrift setzte sich in diesem Kontext nie wirklich durch, wohl weil das Erlernen zu viel Zeit beanspruchte. Louis Braille entwickelte den Ideenansatz dieser Schrift weiter und reduzierte die Punktanzahl auf sechs, so wie bei einem Spielwürfel.

Bis sich das neue Schriftsystem von Braille in Frankreich, in den grossen Städten Europas und schlussendlich auch in Zürich durchsetzte, dauerte es einige Jahrzehnte. Die «Neue Zürcher Zeitung»

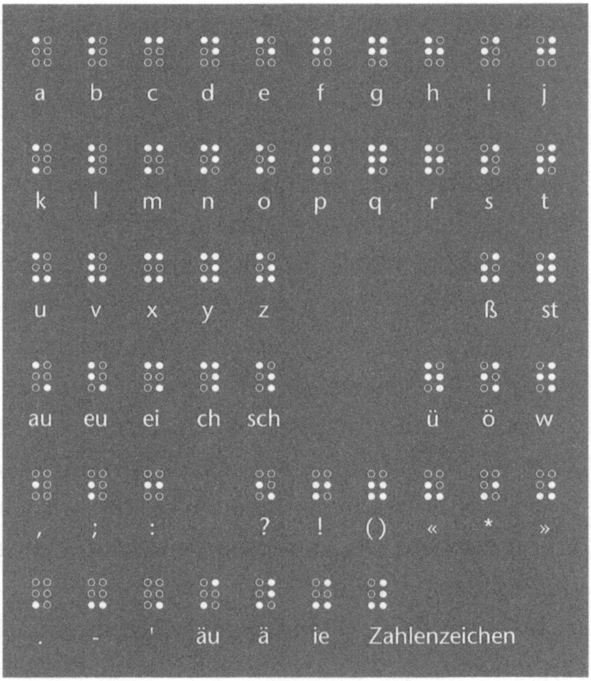

Abb. 3: Blindenschrift-Alphabet nach Louis Braille.

schrieb zwar bereits 1858: «Man liest und schreibt jetzt nach dem Pariser System von Braille.»[20] Jedoch gilt diese Feststellung für die progressive Haltung der Westschweizer und nicht für die Zürcher. In der Limmatstadt nahm man die Brailleschrift erst 1892 in den Unterrichtsplan der Blindenanstalt auf. Dieser Verzug hing mit der Skepsis des damaligen Direktors zusammen. Als es 1892 zu einem Wechsel in der Schulleitung kam, beseitigte der neue Direktor Gotthilf Kull umgehend diesen Rückstand.[21]

Nebst der existenziellen Grundversorgung für sehbehinderte Menschen, die seit der Reformation durch die städtische beziehungsweise ab 1798 durch die kantonale Armenpflege gewährleistet war, hatte man in Zürich nun erste Strukturen zur Eingliederung Sehbehinderter und Blinder in die Gesellschaft geschaffen. Die Blindenanstalt wurde vorerst von privater Seite getragen. Es dauerte abermals hundert Jahre, bis der Kanton 1909 die Verantwortung für die Blindenanstalt und somit für die Bildung blinder und sehbehinderter Menschen übernahm.

Auch wenn man den Schülern der Blindenanstalt nebst den gängigen Fächern typische Blindenhandwerke wie das Korb- und Stuhlflechten beibrachte, fehlten im Anschluss an die Ausbildungszeit die Arbeitsplätze. Die besonders Ambitionierten und Talentierten fanden mit viel Durchhaltevermögen und Glück vielleicht eine Stelle. Die grosse Mehrheit jedoch konnte sich trotz Bildung nur schwer gegen die Konkurrenz auf dem Arbeitsmarkt behaupten. Zu Beginn des 20. Jahrhunderts wurden verschiedene Massnahmen ergriffen, um sehbehinderten und blinden Menschen den Eintritt ins Arbeitsleben zu erleichtern. 1902 entstand auf Initiative von Marie Bürki, Lehrerin an der Blindenanstalt in Zürich, ein Arbeits- und Wohnheim für blinde Frauen. 1905 wurde eine Werkstatt für blinde Männer geschaffen, woraus die noch heute existierende Stiftung St. Jakob hervorging.

Abb. 4: Stuhlflechterei-Werkstatt des Blindenheims für Männer. Es sind insgesamt acht Männer im Zimmer. Alle arbeiten an Stühlen. Sie posieren für das Bild und halten ihr Gesicht Richtung Kamera. 1906.

Theodor Staub, der im siebten Lebensjahr erblindet und ebenfalls Lehrer an der Blindenanstalt in Zürich war, eröffnete 1903 eine Blindenbibliothek.[22] «Man hofft, dass auch hier wie an andern Orten edel denkende Damen das Schreiben von solchen Büchern übernehmen. Ferner wird man versuchen — wenn genügend Geldmittel zugewiesen werden — durch das Schreiben von Büchern arbeitslosen blinden Personen eine Nebenbeschäftigung zu verschaffen.»[23]

Nachdem der Kanton Zürich 1909 die Leitung der Blindenanstalt übernommen hatte, gründete er nur ein Jahr später einen Blindenfürsorgeverein, der ebenfalls die wirtschaftliche Selbstständigkeit von Blinden unterstützen sollte. 1943 setzte man in diesem Verein erstmals einen Blindenfürsorger ein. Nur wenige Jahre später wird derselbe kantonale Blindenfürsorger, Pfarrer Armin Steiner, wesentlich zur Gründung der Reformierten Blindenseelsorge beitragen.

1946—1954

Gründungsjahre der Reformierten Blindenseelsorge: ein Nährboden für Geist und Seele entsteht

«Er ist nicht ganz blind, der junge Mann mit dem bitteren Zug im Gesicht, in solchem Masse sehschwach aber, dass er an der Grenze praktischer Blindheit steht. Er reist für Seifen und verdient sich so seinen Unterhalt, aber wie er davon spricht, spürt man, wie qualvoll es ihm ist, dies von Tür zu Tür gehen, die Abhängigkeit von der Laune einer gerade gehetzten oder nicht gehetzten Hausfrau. (Wie schlägt unser Gewissen!) Immerhin sei es ja besser als Korbflechten! Als junger Bub hatte man ihn, der am liebsten studiert hätte, in die Korbwerkstätte getan — als könnten Blinde nur Körbe flechten!» Auf diese eindringliche Weise werden in der «Neuen Zürcher Zeitung» vom 11. November 1944 weitere Schicksale beschrieben — heitere wie auch schwere Gemüter erzählen aus ihrem Leben. Was allen gemeinsam ist, sind die Anliegen, tätig zu sein, eigenes Geld zu verdienen und als vollwertiges Glied der Gesellschaft geachtet und angenommen zu werden.

VON DER DRINGLICHKEIT EINER REFORMIERTEN EINRICHTUNG FÜR BLINDE

In einem Rundbrief vom 26. Februar 1946 schrieb Pfarrer Armin Steiner, zu dieser Zeit als kantonaler Blindenfürsorger Zürichs tätig, seinen kirchlichen Berufskollegen: «Viele Sehende ahnen nicht, wie der Blinde nicht nur allein unter dem Verlust des Augenlichtes, sondern mehr noch unter seiner Einsamkeit und seinen Berufsschwierigkeiten leidet. [...] Leider hat bis heute die reformierte Landeskirche wenig getan.» Dieses Manko wollte Steiner beheben und so organisierte er am 18. März 1946 im Lavaterhaus ein Treffen. In Anwesenheit des Initianten sowie der beiden Pfarrer Max Hörler (Zürich) und Heinz Waser (Greifensee) berichtete der blinde Organist Max Schindler aus seiner Jugend und von seinen bisherigen Erfahrungen als Blinder. «Ich bin schon in frühester Jugend erblindet, und meine lieben Eltern waren sehr verständig. Sie wollten nicht ein bemitleidetes, armes, blindes Kind, sondern ein fröhliches und selbstständiges. Dank dieser guten Einstellung spielte und tollte ich ebenso sorglos und heiter in Haus und Garten umher, wie meine anderen gleichaltrigen Spielgefährten [...]. Ich durfte auch in die Kleinkinderschule [...], gerne erinnere ich mich noch an Schwester Anna, die so herrlich Märchen erzählen konnte [...]. Als ich dann in das schulpflichtige Alter kam, traf es mich hart, dass ich doch nicht war wie die andern Kinder, denn ich sollte weit weg von Vater, Mutter und Geschwistern in eine Extraschule gebracht werden, in eine Blindenanstalt. Dort lernte ich lesen und schreiben in der Blindenschrift [...].»

Max Schindler legte 1936/37 die Diplomprüfung als Organist am Konservatorium Zürich mit Auszeichnung ab. Er war ein Kämpfer, der sich von seiner Blindheit nicht einschränken liess. Doch stiess er während seiner Ausbildungszeit und bei der Ausübung seines Berufs als Organist auf zahlreiche Hürden. Die drei Pfarrer forderten ihn beim Treffen im Lavaterhaus auf, zu zeigen, wo man als Kirche den Blinden einen Dienst erweisen könnte. Als Musiker vermisste Schindler häufig Notenmaterial in Blindenschrift. Mit viel Zeitaufwand und unter steter Zuhilfenahme einer sehenden Person übertrug er sie bisweilen selbst. So wies er in der Sitzung auf die Notwendigkeit einer Notenübertragungsstelle für Kirchenmusik hin. Als lesebegieriger Mensch litt er auch darunter, dass ihm zahlreiche Bücher nur mit einer vorlesenden Person zugänglich waren, so auch die Zürcher Bibel. «Während meiner organistischen Praxis höre ich auch immer wieder, wie von vielen Pfarrern sowohl als auch Schriftlektionen als Predigttexte in der neuen Übersetzung der Zürcher Bibel gelesen werden, und daraus manche Stellen viel besser verstanden werden können, als in der Übersetzung Luthers, die wir als einzige in Blindenschrift besitzen.» Er äussert den Wunsch, man möge sich überlegen, Teile der Zürcher Bibel wie auch Auszüge aus dem «Kirchenboten» in der Blindenschrift herauszugeben. Schlussendlich kam Schindler auf das Engagement der katholischen Kirche zu sprechen: «Wir [die drei Pfarrer] erfuhren, dass seit mehr als zehn Jahren die katholische Kirche in beachtlicher Weise sich der Blinden annimmt. Sie veranstaltet Zusammenkünfte, Wallfahrten, Einkehrtage, Weihnachtsfeiern, lässt die Blinden durch einen Schicksalsgefährten besuchen, bildet und besitzt einen ganzen Stab von Abschreibern.» Seit 1933 boten die Katholiken unter dem Namen Caritasaktion der Blinden (CAB) Anlässe und seelsorgerische Dienste für Blinde an. Die reformierte Kirche stand in diesen Belangen den Katholiken nach. Sie setzte sich zwar seit 1909 intensiv für das Wohl von Taubstummen und Gehörlosen ein, indem hierzu eigens ein Pfarramt geschaffen wurde. Man rechtfertigte diese Sonderbehandlung von Taubstummen gegenüber Blinden folgendermassen: «Während ein Blinder unserem geistigen Leben ohne weiteres folgen kann, ist dies dem Taubstummen nur mit Hilfe von Sonderveranstaltungen für Taubstumme möglich.» 1946 schien dieses Argument veraltet und die drei Pfarrer fühlten sich durch Max Schindlers Ausführungen und das Engagement der Katholiken aufgefordert, etwas zu unternehmen. Man gründete noch in der gleichen Sitzung vom 18. März 1946 eine Arbeitsgemeinschaft, genannt Reformierte Blindenpflege für den Kanton Zürich, die künftig zwischen der Kirche und den blinden Gemeindemitgliedern vermitteln und für deren geistiges und seelisches Wohl sorgen sollte.

Pfarrer Armin Steiner verfasste nach erfolgter Gründung einen Brief an den Kirchenrat des Kantons Zürich, worin er die neue Arbeitsgemeinschaft vorstellt und zugleich um eine finanzielle Unterstützung von 6400 Franken bittet. Der Geldbetrag sollte für die Besoldung eines Blindenpflegers, den Druck des «Kirchenboten» in Blindenschrift und die Übertragung der Zürcher Bibel und religiöser Literatur in die Punktschrift dienen. Am 19. Februar 1947 kam das Antwortschreiben. Der Kirchenrat bewilligte die Übertragung von Teilen der Zürcher Bibel in Punktschrift, lehnte jedoch die Anstellung eines Blindenpflegers und die Herausgabe von Literatur in Blindenschrift ab, mit dem Argument, dass «die Mehrzahl der Blinden sogenannte ‹Altersblinde› seien, die schwerlich die Punktschrift erlernen. Durch ihre Angehörigen vermögen diese Blinden am kirchlichen Leben teilzunehmen.» Der Kirchenrat hatte wohl nicht ganz unrecht. In einem Brief von 1953 meinte eine Frau aus Basel, lediglich zwanzig Prozent aller Blinden könnten die Punktschrift lesen.

ZÜRCHER BIBEL UND KIRCHENGESANGBUCH FÜR BLINDE UND SEHBEHINDERTE MENSCHEN

Es ist nicht ganz zufällig, dass die Gründung der Reformierten Blindenseelsorge in die Nachkriegsjahre fällt, wenn man das Motiv oder die Anliegen Max Schindlers und der drei Pfarrer nochmals genauer betrachtet. «Als die ersten Bibeln [1524—1529] in Zürich erschienen, wurde bei Froschauer auch eine Ausgabe mit besonders grossen Lettern gedruckt [...]. Es bedeutet einem Teil unserer geweckten und kirchlichen Blinden eine Wohltat, wenn ihnen ein Teil der heiligen Schrift in der Blindenschrift zugänglich gemacht würde. Wohl wurde die Lutherbibel in Blindenpunktschrift übertragen, aber seit einigen Jahren sind auch diese Bibelteile nicht mehr erhältlich. Vor allem wird das Fehlen einer geeigneten kirchlichen und religiösen Literatur schmerzlich empfunden. Die Bücher, die seinerzeit in Blindenschrift übertragen wurden, atmen alle den Geist einer Zeit, der mehr sentimental als biblisch ist [Bezug zu Pietismus].»

Während des Zweiten Weltkriegs war die Situation auf dem schweizerischen Punktschriftbuchmarkt so, dass weder Punziermaschinen noch Bücher in Blindenschrift von den bisherigen Lieferanten aus Deutschland und Österreich bezogen werden konnten.

Die Schweizer hatten bislang auf eine eigene leistungsfähige Brailledruckerei verzichtet, da «die Druckerpresse, die Herstellung von Stereotypplatten, das Papier und der Einband der voluminösen Bände»[24] unglaubliche Summen gekostet hätten und die Zahl der Abnehmer solcher Bücher in der Schweiz dermassen klein war, dass die Herstellungskosten nicht hätten gedeckt werden können. Im Braille-Druckgeschäft tätig waren zu dieser Zeit ausschliesslich Blindenschulen mit einfachen Druckereien. So entstanden zwar während der Kriegsjahre weiterhin Lehrmittel und Lesestoff in Blindenschrift. Die Produktion von Belletristik und interessanten Sachbüchern in Punktschrift wäre jedoch beinahe zum Stillstand gekommen, hätten sich nicht einzelne Organisationen um Lösungen bemüht — allen voran die Katholiken. Dr. Gebhard Karst, selbst im 16. Lebensjahr erblindet und späterer Gründer der Caritasaktion der Blinden, hatte 1922 in der St. Galler Blindenanstalt eine Bibliothek für sehbehinderte Katholiken ins Leben gerufen. «Mit stabilen Schweizerfranken konnte man damals [1920er Jahre] in Deutschland, wo die R[eichs]-Mark-Währung tief gesunken war, in verschiedenen Verlagen Punktschriftwerke günstig erwerben. Auch aus Österreich kamen einzelne Bände.»[25] Die Engpässe während der Kriegsjahre überwanden die Katholiken mit folgender Strategie: Sie gewannen Studenten von Disentis und einen geistlichen Herrn aus dem St.-Johannes-Stift in Zizers, die fortan Buch für Buch in Blindenschrift übertrugen. So konnten sie unabhängig vom Ausland fortlaufend ihren Bestand an Büchern in Blindenschrift ausbauen.

Der Vorstand der Blinden-Leihbibliothek in Zürich hingegen beklagten zur gleichen Zeit: «Es hat in der deutschen Schweiz gegenwärtig fast keine Persönlichkeiten, die freiwillig oder gegen Bezahlung Bücher in Blindenschrift übertragen können oder wollten [...]. Ist es da verwunderlich, wenn die Eltern unserer blinden Kinder in einer Eingabe an die Blindenfürsorge [des Kantons] schreiben: Die letzten 30 Jahre dürften an der Blindenleihbibliothek ziemlich spurlos vorübergegangen sein. Unsere Blinden aber interessieren sich ebenso sehr wie wir Sehenden für das zeitgenössische Geschehen und dessen Niederschlag in der Literatur, wie die Gedankenwelt

Abb. 5: Eine Punktschriftmaschine der Marke Perkins. Mit den sechs Tasten lässt sich jeder Buchstabe des Blindenalphabets ins Blatt stanzen.

früherer Zeiten.» Eine harsche und nicht nur die letzten Kriegsjahre betreffende Kritik am Bestand der zürcherischen Blindenbibliothek, die vom Blindenfürsorger und Pfarrer Armin Steiner nicht unerhört blieb. Es ist also wenig verwunderlich, dass Max Schindler sein Bedürfnis nach Literatur in Brailleschrift äusserte und die Reformierte Blindenseelsorge sich diesem Anliegen annahm.

Die drei Pfarrer Steiner, Hörler und Waser entschieden sich als Erstes für die Übertragung des Lukasevangeliums in Brailleschrift. Man setzte sich mit der Blindenanstalt Asile des Aveugles in Lausanne in Verbindung. Sie besass eine kleine Punktschriftdruckerei. Die Offerte von 1200 Franken für 200 gebundene Exemplare des Lukasevangeliums wurde vom Kirchenrat gutgeheissen. Max Schindler und Maria Faas, beide blind, erstellten die Druckvorlage und übernahmen das gegenseitige Korrekturlesen. Die Vorlage wurde relativ zügig fertiggestellt und nach Lausanne geschickt. Da es der Landeskirche sehr wichtig war, dass die Braille-Bibel von guter Qualität und ohne Fehler erschien, schickte man Maria Faas ebenfalls nach Lausanne. Sie sollte den Druckvorgang überwachen und bei auftretenden Fragen direkt Auskunft erteilen. 1948 erschien das rund 100 Seiten umfassende Lukasevangelium in Kurzschrift, was eine Art Stenografie in Braille ist. Die Gesamtkosten betrugen zwar mehr, nämlich ganze 2100 Franken, doch der Kirchenrat kam, wenn auch nicht ohne Bedauern, dafür auf. Er forderte indes eine klar geregelte Verteilung des Bestandes: «Die Bände werden nur unter Kontrolle der Ref. Blindenpflege abgegeben, an Unbemittelte gratis, an Bemittelte je nach Verhältnissen zum vollen oder teilweisen Herstellungspreis [...]. Der Kreis der bezugsberechtigten Blinden erstreckt sich ausser auf den Kanton Zürich auf die Blinden aller Kantonalkirchen, die sich durch regelmässige Subventionen an der Verbreitung und Verbilligung der Zwinglibibel beteiligen.» Aus einer Bestellung geht hervor, dass die Exemplare zu einem Richtpreis von 15 Franken abgegeben wurden.

Für die nächsten Jahrzehnte wagte sich die Reformierte Blindenseelsorge an keine weiteren Übertragungen und Publikationen aus der Zürcher Bibel in Brailleschrift. Natürlich wurden im Kontext kleinerer Lesezirkel einzelne Passagen in Braille gedruckt und verteilt. Doch auf grössere Projekte verzichtete man, obschon technische Errungenschaften wie die Erfindung elektronischer Datenträger ein solches Unterfangen in den 1980er Jahren immer wieder zum Thema machten. In Deutschland wurde die Einheitsübersetzung auf 100 CDs und die Lutherbibel auf 5 MP3-CDs herausgegeben. Die RBS hielt sich mit der Umsetzung eines solchen Projekts zurück. Auch wenn Tonträger einen gewaltigen Fortschritt darstellten und spät erblindeten Menschen die Teilnahme am geistigen Leben erheblich erleichterten, waren die Formate für Blinde und Sehbehinderte doch noch nicht sonderlich benutzerfreundlich. Die Reformierte Blindenseelsorge nutzte die Tonbandkassette lediglich für das Aufnehmen der «Täglichen Andachten». «Ein langjähriger, freiwilliger Mitarbeiter [Fritz Harlacher] spricht die Bibeltexte und Erklärungen auf Band, die Schweiz. Blindenhörbücherei stellt die nötige Anzahl Kopien her, und wir [die RBS] besorgen Versand und Administration. Im Jahr 1981 belieferten wir 31 Hörer mit je 6 Kasset-

Abb. 6: Postcouvert, markiert als Blindensendung. Früher wurden vorwiegend Texte oder Tonbänder verschickt, heute sind es SD-Karten oder CDs.

Abb. 7: Das Kirchengesangbuch zum Vergleich in Schwarzschrift (kleines Buch) und in Braille-Kurzschrift (sechs Bundesordner).

ten pro Quartal, die leihweise abgegeben wurden.» Fritz Harlacher nahm sich dieser Arbeit bis zu seinem Tode im Jahr 2002 an. Danach bezog die RBS die gelesenen Bibellosungen von der Hörbücherei des Evangelischen Blindendienstes in Marburg und konnte so den Abonnenten weiterhin die gewünschten Bibellosungen auf Kassetten zustellen. Mit Peter Fislers Pensionierung 2007 verabschiedete man sich ganz von dieser Dienstleistung. Die verbliebenen Abonnenten wurden gebeten, sich künftig direkt an die Hörbücherei in Marburg zu wenden.

Da die Schweizerische Post seit 1905 und bis heute sogenannte Blindensendungen portofrei zustellt,[26] bestand immer eine gewisse Nachfrage nach den durch die Reformierte Blindenseelsorge auf Tonband gesprochenen Andachten oder Bibellosungen.

Kurz vor der Jahrtausendwende wagte sich die Reformierte Blindenseelsorge an eine weitere gross angelegte Herausgabe in Braille. Das neue Kirchengesangbuch sollte für Sehbehinderte und Blinde zugänglich gemacht werden. 1953 hatte sich die RBS an der Herausgabe des Kirchengesangbuchs in Braille beteiligt, nun initiierte und leitete sie das neue Vorhaben. Die Vorstandsmitglieder kümmerten sich um die Mittelbeschaffung, indem Pfarrer der verschiedenen

Kirchgemeinden angeschrieben und gebeten wurden, Spenden zu sammeln. Daraus resultierte eine erfreuliche Summe und so konnte die RBS 1997 die Schweizerische Bibliothek für Blinde, Seh- und Lesebehinderte beauftragen, den Brailledruck des Kirchengesangbuches an die Hand zu nehmen. Im Dezember 1998 wurde eine erste Lieferung der Lieder in Brailleschrift getätigt. Das BSV übernahm die Kosten der Braille-Ausgabe des Begleitbandes für die Orgel.

Das Kirchengesangbuch kann von Blinden und Sehbehinderten bis heute zum selben Preis wie die Normalausgabe, nämlich für 28 Franken, bei der RBS bezogen werden.

Nach der Publikation des Kirchengesangbuchs wurde nun auch wieder vermehrt das Projekt einer Zürcher Hörbibel diskutiert. 2007 schien der Zeitpunkt ideal und die Technik so weit entwickelt, dass die Blindenseelsorge den grossen Entscheid fällte und sich der aufwendigen Übertragung der Zürcher Bibel in Hörformat annahm. Eine international tätige Gruppe entwickelte Ende der 1990er Jahre einen neuen Standard für Blindenhörbücher, den sogenannten DAISY-Standard (Digital Accessible Information System). DAISY-Hörbücher lassen sich über bestimmte Abspielgeräte interaktiv

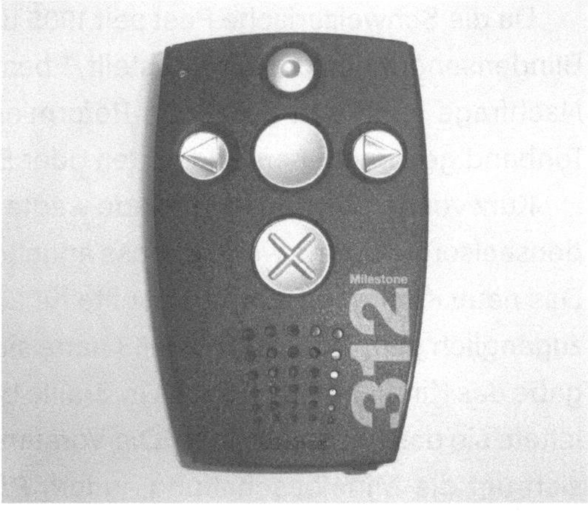

Abb. 8: Das Milestone-Lesegerät mit DAISY-Software der Schweizer Firma Bones: Ganze Hörbücher lassen sich heute auf dieses kleine Gerät herunterladen. Die Tasten ermöglichen das Navigieren auf unterschiedlichen Ebenen.

nutzen. Die Hörer können beliebig von Satz zu Satz oder von Kapitel zu Kapitel springen, Buchzeichen setzen sowie die Sprechgeschwindigkeit regulieren. Durch diese benutzerfreundlichen Funktionen setzte sich DAISY als Hörbuchstandard schnell durch. Die Reformierte Blindenseelsorge entschied also 2007, die neu erschienene Gesamtausgabe der Zürcher Bibel als DAISY-Hörbuch erstellen zu lassen. Man erhielt vom Theologischen Verlag Zürich die Rechte für den Text. In Zusammenarbeit mit der Winterthurer Firma Audio Professional wurde die Hörbibel für stattliche 75 000 Franken geschaffen. Seit 2009 kann sie über die RBS für 38 Franken bezogen werden. Die Zürcher Hörbibel gibt es in zwei Versionen: als CD-Box-Set mit acht CDs oder als SD-Karte. Verkauft werden darf sie ausschliesslich an blinde und sehbehinderte Menschen. Dies wurde in einem Vertrag mit dem Theologischen Verlag Zürich festgehalten.

ADVENTSFEIER, 1947 BIS HEUTE

Die Reformierte Blindenseelsorge war in den Gründungsjahren nicht nur publizistisch tätig. Sie rief auch den Anlass Weihnachtsfeier, ab 1990 Adventsfeier genannt, für reformierte Blinde und Sehbehinderte ins Leben. Erstmals wurde diese Festlichkeit 1947 in Zürich in der Wasserkirche und in Winterthur durchgeführt. In der Wasserkirche kamen über 200 Besucher zusammen. Die NZZ vom 14. Dezember 1949 gibt Einblick ins Programm dieses andächtigen und zugleich freudigen Beisammenseins: «Die in ihrer Schlichtheit so eindrucksvolle Feier leitete Organist Max Schindler ein mit dem edlen Klang Bachscher Musik [...]. Ergriffen lauschten wir dann dem Chor der Blinden. [...]. Anknüpfend an die Worte aus dem Evangelium Matthäus 3, darin Johannes der Täufer die Pharisäer zur Busse und Umkehr aufruft, gab Pfarrer Heinz Waser [damaliger Präsident der RBS] zu bedenken, dass auch wir tief in das Pharisäertum verstrickt sind, zu wenig bereit, uns in das Wesen unserer Mitmenschen hineinzudenken [...]. Nach der Feier bewegte sich der lange Zug der Blinden über die Kirchgasse zum Kirchgemeindehaus Hirschengraben, wo sich die Gäste im tannenduftenden Saal an die gedeckten Tische setzten, herzlich begrüsst durch Pfarrer A. Steiner. Mittelpunkt dieses festlichen Beisammenseins war Ida Frohnmeyers liebliches Spiel ‹In der Christnacht›. Wiederum erhob sich die schöne Solostimme von Hedwig Frick, wiederum vereinigten sich klar und rein die Stimmen der Blinden zum verhalten jubelnden Chor.»

Der Anlass zur Weihnachtszeit entwickelte sich über die Jahrzehnte hinweg zu einer nicht mehr wegzudenkenden Tradition der Reformierten Blindenseelsorge. Die jährlichen Veranstaltungen setzen sich bis heute aus einem Gottesdienst und einer anschliessenden Feier zusammen. Lobende und ermutigende Worte lassen sich auch Briefen von Besuchern entnehmen. Eine Teilnehmerin wandte sich 1949 voller Dankbarkeit an die RBS: «Schon seit Jahren war es ein besonderer Wunsch der Nichtsehenden, eine gemeinsame Blindenweihnachtsfeier zu verbringen. Diesem Herzenswunsch kam die Reformierte Blindenpflege für den Kanton Zürich nach [...]. Beim frohen Zusammensein trifft man wieder seine Kameraden, mit denen man durch das gleiche Schicksal verbunden ist, und die man schon von der Blindenschule oder von Heimen, in denen man eine gemeinsame Berufslehre absolvierte, vielleicht aber auch von der Augenklinik, oder sonstwie kennt; aber auch neue Freundschaftsbande werden geknüpft.» Die Zusammenkunft zur Adventszeit scheint an Wert und Relevanz nichts eingebüsst zu haben. Bis 2019 kamen jedes Jahr bis zu 80 sehbehinderte und blinde Teilnehmer/-innen zu dieser besinnlichen Feier zusammen. Im vergangenen Jahr 2020 konnte der Anlass pandemiebedingt nur in kleinem Rahmen stattfinden.

Um allen Teilnehmenden die An- und Rückfahrt zu ermöglichen, bietet der Rotaryclub seit 1978 einen kostenlosen Chauffierdienst an. Von dieser Grosszügigkeit profitierte insbesondere auch der

Blindenseelsorger Peter Fisler, der für seine Klienten- oder Veranstaltungsbesuche über das ganze Jahr hinweg häufig auf den Fahrdienst des Rotaryclubs zurückgriff. An dieser Stelle wird dem Club für die langjährige Unterstützung sehr herzlich gedankt.

ANSTELLUNG EINES BLINDENPFLEGERS: DIPLOMATIE WAR GEFRAGT, 1951/52

Die Anstellung eines reformierten Blindenpflegers verlangte nach erfolgter Gründung vom 18. März 1946 am meisten Verhandlungsgeschick, da die Reformierte Blindenseelsorge in dieser Angelegenheit vom Gutdünken sowohl der kantonalen Blindenfürsorge wie auch der Landeskirche abhängig war. Von der kantonalen Blindenfürsorge benötigte die noch junge Arbeitsgemeinschaft die Namen und Adressen blinder und sehbehinderter Einwohner im Kanton Zürich. Eine Zusammenarbeit war daher unumgänglich. Von der Kirche erhofften sich die Gründer finanzielle Unterstützung. Um den Kirchenrat für diese Sache zu gewinnen, berichtete Pfarrer Armin Steiner von seinen Erfahrungen als kantonaler Blindenfürsorger: «Erst vor etwas mehr als drei Jahren kam es in unserem Kanton zur Anstellung eines Blindenfürsorgers [Bezug zu seiner eigenen Anstellung]. Seine Besuche eröffneten ihm eine grosse Not. Ich versuche zu helfen, ermahne und höre ab, aber wie kann ein einziger Mensch 400 zerstreute, in unserem Kanton lebende Menschen erfassen, beraten und betreuen?». Armin Steiner führte im Bericht weiter aus, wie ihm die Zeit für eine angemessene geistige Unterstützung fehle, und ermahnte die Kirchenvertreter zu handeln. «Ich möchte diesem Menschen helfen, möchte ihm etwas sein und weiss doch, dass ich wieder fort muss und ihn dann Wochen, Monate, ja vielleicht Jahre nicht mehr aufsuchen kann, weil es meine Zeit einfach nicht zulässt. Und doch muss irgend etwas für ihn getan werden. Es fehlt ihm nicht an Brot, es sind keine fürsorglichen Massnahmen zu treffen und doch weiss ich, dieser Mensch leidet [...]. Blindheit legt sich wie Ketten um den Menschen. Die Wunden, die diese Ketten verursachen, möchten wir heilen. Wie können wir das anders tun als durch Einzelseelsorge? Und wer ist für diesen Dienst aufgerufen? Wohl vor allem die Kirche [...].» Trotz der eindringlichen Worte wollte sich die Landeskirche nicht an den Lohnkosten eines reformierten Blindenseelsorgers beteiligen. Sie setzte die Reformierte Blindenseelsorge indes auf den Kollektenplan der Landeskirche, wodurch zumindest so viel Geld zusammenkam, dass sich die Arbeitsgemeinschaft in den Anfangsjahren über Wasser halten konnte.

Auch die Zusammenarbeit mit der kantonalen Blindenfürsorge stellte sich als schwierig heraus. Als vorerst kantonaler Blindenfürsorger konnte sich Armin Steiner sicher sein, mögliche Doppelspurigkeiten durch die zusätzliche Anstellung eines reformierten Blindenpflegers zu vermeiden. 1948/49 verlor er jedoch diese Stelle, weil die kantonale Blindenfürsorge die dauerhafte Anstellung und Besoldung eines verheirateten Fürsorgers nicht mehr tragen konnte oder wollte. Glücklicherweise wurde Armin Steiner noch im selben Jahr das Pfarramt in Trüllikon angeboten. Durch seine Entlassung bei der Blindenfürsorge war jedoch eine wichtige Verbindung zur kantonalen Blindenfürsorge gekappt. Um allfälligen Zwisten aus dem Weg zu gehen, trafen sich die Vertreter der Blindenseelsorge mit denjenigen der kantonalen Blindenfürsorge und legten im Februar 1950 den Aufgabenbereich der Arbeitsgemeinschaft fest. «Die reformierte Blindenpflege soll sich mit der bescheidenen Rolle einer geistigen Helferin der Blinden begnügen und anerkennen, dass die Blindenfürsorge im Zentrum der Blinden stehen soll, während die ref. Blindenpflege nur am Rande wirken darf. [...] Der Blindenpfleger hat deshalb im Anfang ganz besonders darauf zu achten, dass er sich nicht in Dinge einmischt, die zum Aufgabenkreis der Blinden-

Reformierte Blindenpflege für den Kanton Zürich

8006 Zürich Clausiusstrasse 41 Telefon 051 34 30 00

R I C H T L I N I E N

I. Die Reformierte Blindenpflege für den Kanton Zürich ist eine freie Arbeitsgemeinschaft von Sehenden und Blinden auf dem Boden der Landeskirche.

II. Sie will den Dienst, zu dem die christliche Gemeinde für alle ihre Glieder berufen ist, in besonderer Weise den evangelischen Blinden tun.

III. Die Reformierte Blindenpflege konstituiert und ergänzt sich selbst. Im Sinne ihres Zieles wählt sie den Blindenpfleger.

IV. Der Blindenpfleger hat folgenden Aufgabenkreis :

1. Die Seelsorge an den Blinden durch Besuche, Besprechungen und durch Briefwechsel.
2. Die Veranstaltung von Tagungen, Kursen, Weihnachtsfeiern der Blinden.
3. Die Herausgabe des Kirchenboten in Braille und auf Tonband.
4. Die Mitarbeit an der Blindenbücherei Zürich unter besonderer Berücksichtigung der christlichen Literatur.
5. Die Vertiefung des Verständnisses für die Blinden in der Oeffentlichkeit durch Vorträge in den Kirchgemeinden.
6. Die Bemühung um die Herstellung eines guten Kontakts zwischen den Blinden und ihren Kirchgemeinden und deren Organen.

V. Der Blindenpfleger wird in seiner Tätigkeit von den Mitgliedern der Blindenpflege tatkräftig unterstützt. Für besondere Aufgaben wie z.B. für den Kirchenboten und die Hörbücherei werden Kommissionen gebildet. Der Blindenpfleger erstattet regelmässig über seine Arbeit Bericht.

VI. Der Blindenpfleger unterhält die ihm im Interesse der Blinden notwendig erscheinende Verbindung mit den massgebenden Blindenorganisationen.

VII. Die Reformierte Blindenpflege ist Mitglied des Zentralvereins für das Blindenwesen, und nach jeweiligem Beschluss auch der lokalen Blindeninstitutionen.

VIII. Die Reformierte Blindenpflege beschafft sich die Geldmittel für die Veranstaltungen, für die Herausgabe des Kirchenboten und die Hörbücherei sowie für die Besoldung des Blindenpflegers durch Gesuche an die kirchlichen Behörden und an die Kirchgemeinden sowie durch freiweillige Zuwendungen.

Diese Richtlinien wurden in der Sitzung der Reformierten Blindenpflege vom 22. November 1954 genehmigt.

Abb. 9: Richtlinien der RBS von 1954.

fürsorge gehören. [...] Aus Rücksicht auf die Blindenfürsorge soll vorderhand davon abgesehen werden, eine öffentliche Sprechstunde des Blindenpflegers anzubieten.»

Die Zusammenarbeit mit der kantonalen Blindenfürsorge war und blieb auch für die kommenden Jahre ein heikles Terrain. Die Gründer taten gut daran, sich in den Anfangsjahren umsichtig und mit allseitigem Einverständnis voranzutasten. Dank der Vertretung des erblindeten Lehrers Karl Schreiber aus Rüschlikon in den beiden Institutionen konnte 1954 ein neuer und von beiden Seiten akzeptierter Modus der Zusammenarbeit gefunden werden.

Trotz fehlender finanzieller Unterstützung durch die Landeskirche lösten sich die drei Pfarrer Armin Steiner, Heinz Waser und Max Hörler nie von der Idee, dass Seelsorge zum Auftrag einer reformierten Blindenpflege gehöre und daher eine Person hierfür angestellt werden sollte. Für eine Übergangslösung erklärte sich 1950 der blinde Organist Max Schindler bereit, an zwei Halbtagen einsame Blinde wie auch neu Erblindete in der Augenklinik Zürich zu besuchen. Vermutlich war es bei diesen Visiten, wo er dem schwer sehbeeinträchtigten Pfarrer Hugo von der Crone begegnete, der dort ebenfalls als Patient ein und aus ging.

1952—1968 Pfarrer Hugo von der Crone: Tatkraft, Idealismus und Bescheidenheit tragen Früchte

Auf Anregung Max Schindlers fragten die Vertreter der Reformierten Blindenseelsorge Pfarrer Hugo von der Crone an, ob er Interesse und Kapazität für die Arbeit als Blindenseelsorger hätte. Sie erhielten positive Antwort, denn Hugo von der Crone sah sich gezwungen, per 31. Dezember 1951 seinen Rücktritt als Pfarrer von Zumikon aufgrund seiner Augenleiden beim Kirchenrat einzureichen.[27] Er verfügte nur noch über einen Zehntel seiner Sehkraft. Der Regierungsrat sprach ihm eine jährliche Rente von 6990 Franken aus der Pensionskasse zu. Das sicherte das Überleben der siebenköpfigen Familie wie wohl auch das der RBS, denn das Gehalt eines Pfarrers hätte sich die Arbeitsgemeinschaft zu diesem Zeitpunkt nicht leisten können.

Stets sehr bescheiden, was sein Können wie auch seine Forderungen betraf, setzte sich Hugo von der Crone ab 1952 unermüdlich für das Wohl der Blinden und für das Gedeihen der Reformierten Blindenseelsorge ein. Er war nicht nur Blindenseelsorger für die RBS,

Abb. 10: Pfarrer und Blindenseelsorger Hugo von der Crone.

sondern übernahm ab Mai 1952 auch die Krankenseelsorge in der Augenklinik des Kantonspitals Zürich.[28] 1960 willigte er zudem ein, in der Blinden-Leihbibliothek die Stelle des Bibliothekars zu übernehmen.

Zu Beginn seiner Besuchstätigkeit als Blindenseelsorger stellte der Pfarrer fest, dass viele der Blinden unter sehr bescheidenen Bedingungen leben mussten. Die staatliche Invalidenversicherung (IV) wurde erst 1960 eingeführt und so bekam Hugo von der Crone einige Male zu hören: «Was wollen Sie bei uns, wir brauchen keine Bibelsprüche, wir brauchen andere Arbeit und besseren Verdienst.»[29] Doch nicht an allen Türen wurde er abgewiesen. Während Hugo von der Crone im ersten Anstellungsjahr 296 Menschen mit einer Sehbehinderung besuchte, waren es 1959 an die 550. Den Sinn oder die Verpflichtung seiner Arbeit gibt er mit folgender Geschichte aus dem Jahresbericht von 1955/56 eingängig wieder: «Die Blinde hatte mich nach meinem Besuch in ihrer Stube zum Abschied bis zur Haustür begleitet. Dort blieb sie stehen und winkte uns mit erhobenem Arm fröhlich nach. Sie tat dies noch lange in der gleichen Richtung, auch dann noch, als unser Weg längst eine Biegung gemacht hatte. Die Gebärde dieser Blinden sagte mir ein Zweifaches: Es war einmal der Ausdruck der Dankbarkeit für die Gemeinschaft, die ihr gewährt worden war [...]. Es bewegte sie die lebendige Kraft eines frohen Glaubens. Andererseits gab mir ihr Winken ins Leere zu denken. Das Erlebnis der Erblindung schafft nicht an und für sich Verinnerlichung. Es droht hier eine gähnende Leere, und gerade mit der Erblindung beginnt in vielen Fällen erst der Kampf um die Entscheidung, ob dieser schwere Weg ins Leere oder der Fülle Gottes entgegengeführt werde.» Der im 20. Jahrhundert erfolgte Ausbau der Blindenwohlfahrt, Eingliederungsmassnahmen und auch Hilfs- oder Ablenkungsmittel wie Radio und Tonband erleichterten zwar das Leben blinder und sehbehinderter Menschen und konnten der gähnenden Leere teilweise entgegenwirken. Manch Blinder oder Sehbehinderter konnte dennoch nicht der Einsamkeit und Isolation durch die eingeschränkte Mobilität entfliehen. Hugo von der Crone erkannte da ganz klar seinen Auftrag als Seelsorger. Er suchte nach Möglichkeiten, unterschiedlichste Zusammenkünfte für Blinde zu organisieren. Bereits in seinem ersten Anstellungsjahr initiierte er einen neuen und jährlich stattfindenden Anlass in Winterthur für Blinde und Sehbehinderte des Kantons Zürich wie auch aus der Ostschweiz.

BLINDENTAGUNG IN WINTERTHUR, 1952—2005

Aus der Idee einer Blinden-Landesgemeinde in Winterthur entstand 1952 die sogenannte Winterthurer Tagung. «Sie soll neben einer Besinnung unter Gottes Wort am Vormittag und einem Vortrag am Nachmittag besonders auch die Gemeinschaft unter den Schicksalsgenossen festigen und das Stehen und Wandern der Einzelnen im Alltag vom gemeinsamen Glauben und Erleben her stärken.» Als die Blindenseelsorge 1952 erstmals diese Tagung durchführte, gab es noch wenige solche Anlässe für blinde und sehbehinderte Menschen, besonders für diejenige aus dem Thurgau, aus Schaffhausen und St. Gallen. Hugo von der Crone entschied, diesen Anlass ab sofort jährlich durchzuführen. Er fand geeignete Räumlichkeiten im Kirchgemeindehaus an der Liebestrasse in Winterthur und organisierte jeweils im Spätsommer diese ganztägige Veranstaltung. Die Morgenandachten verbrachten die Besucher mit einer biblischen Besinnung — beispielsweise über den Philipperbrief, die Seligpreisungen oder den Epheserbrief, Kapitel 6. Für Speis und Trank über Mittag kam die Kirchenpflege Winterthur auf. Am Nachmittag wurden die Besucher mit einer gesanglichen Darbietung, gemeinsamem Singen oder einer Theateraufführung unterhalten. Daneben luden Hugo von der Crone wie auch sein Nachfolger Peter Fisler

Referenten ein, die über Themen wie die Protestanten in Italien, die Missionsarbeit in Indien oder Afghanistan, über die Tätigkeiten des HEKS oder auch über das Los der Christen hinter dem Eisernen Vorhang sprachen. Die Besucher lernten sich im Verlauf eines solchen Tages kennen, schlossen im Idealfall Freundschaften und konnten gemeinsam in die spannenden Themenfelder eintauchen. Beide Blindenseelsorger gestalteten die Veranstaltungen interaktiv, indem sie auf Wunsch und im Voraus die ausgewählten Bibelstellen in Brailleschrift druckten und den Besuchern zustellten. Am Anlass selbst gab es Raum für Diskussionen. Damit hohe Reisespesen nicht zu einem Hindernis wurden, übernahm die Reformierte Blindenseelsorge Kosten, die drei Franken überstiegen. So strömten manchmal weit über hundert Personen aus verschiedenen Kantonen herbei und verbrachten gemeinsam den Tag.

Ende der 1980er Jahre wurden die Besucherzahlen jedoch langsam rückläufig. Dies hing nicht unmittelbar mit einem wachsenden Desinteresse zusammen, sondern mit einer an und für sich positiven Entwicklung im Blindenwesen. Es gab ein zusehends grösseres Angebot an organisierten Ausflügen und Anlässen anderer Blindeninstitutionen. Da die Winterthurer Tagung bislang Ende August stattfand, konnte sich die Reformierte Blindenseelsorge nur schwer gegenüber anderen Ausflügen ans Wasser oder aufs Land behaupten. Der Vorstand hielt die Anzahl Besucher für zweitrangig, dennoch schien es richtig, den Anlass in den Herbst zu verschieben, damit Interessierte an möglichst vielen Aktivitäten teilnehmen konnten. Mit dieser Veränderung führte man die Tagung weitere zehn Jahre fort. Danach kam es wiederholt zu Gesprächen unter den Vorstandsmitgliedern. Laut dem damals amtierenden Seelsorger Peter Fisler kamen viele Besucher nur noch aus Anstand und nicht mehr aus echtem Interesse. Man liess die Tagung 1998 probehalber ausfallen, um mögliche Reaktionen abzuwarten. Trotz geringer Rückmeldungen wollte der Vorstand noch nicht gänzlich auf die

Veranstaltung verzichten. Er entschied sich aber für ein neues Format. Die Reformierte Blindenseelsorge setzte sich mit der Caritasaktion der Blinden, dem Schweizerischen Blindenbund und dem Schweizerischen Blindenverband in Verbindung und gewann deren Mitwirkung für weitere Tagungen in Winterthur. So konnten nicht nur die Kosten aufgeteilt werden, sondern man erreichte auch einen grösseren Personenkreis. Ab 1999 organisierten sie nun im Vierergespann die jährliche Tagung. Das Programm war vielfältiger und man schien allseits zufrieden. Als ursprüngliche Organisatorin und aufgrund der guten finanziellen Situation übernahm die RBS den doppelten Kostenanteil. Nach 2005 wurde die Tagung ohne grosses Gerede endgültig beiseitegelegt. Was letzten Endes zur definitiven Aufgabe dieses Anlasses führte, verraten die Protokolle nicht. Vermutlich hatte die Kooperation doch nicht zum erhofften anhaltenden Anstieg der Teilnehmerzahl geführt.

INTERVIEW MIT HANSJÖRG VON DER CRONE, SOHN DES ERSTEN BLINDENSEELSORGERS

Herr von der Crone, mit welchen Worten würden Sie Ihren Vater beschreiben? —— Für meinen Vater war Pfarrersein nicht ein Beruf, sondern eine Berufung. Er war von einem unerschütterlichen Optimismus begleitet, so dass wir ihn noch heute gerne zitieren, wenn es mal schwierig ist: «Es chunt scho guet.»

Was können Sie mir von seinem Ausbildungsweg berichten? —— Mein Vater, Hugo von der Crone (13.10.1901—21.10.1992), war das dritte von insgesamt elf Kindern. Er besuchte in Russikon (ZH) sowohl die Primar- als auch die Sekundarschule, wo wiederum mein Grossvater als Lehrer tätig war. Um Hugo zu fördern, erhielt er Privatstunden in Latein, Mathematik und Geometrie. Nach Abschluss des Gymnasiums 1920 schrieb er sich im selben Jahr an der Universität Basel für den Studiengang der Theologischen Fakultät ein. Da er von klein auf eine Brille mit starker Sehkorrektur tragen musste, wurde er der allgemeinen Wehrpflicht enthoben und konnte gleich mit dem Studium beginnen. Als leidenschaftlicher Anhänger Karl Barths zog es ihn bald nach Göttingen, wo er von 1922 bis 1923 aufmerksam dessen Vorlesungen folgte. Von Idealismus und sozialem Eifer gepackt, meldete er sich für einen Einsatz bei der Bodelschwinghschen Anstalt Bethel. Bethel ist eine diakonische Einrichtung in Bielefeld, die mittlerweile 19 000 Angestellte führt und somit das grösste Sozialunternehmen Europas ist. Nebst Behinderten, psychisch Erkrankten und Epileptikern werden dort auch schlicht pflegebedürftige und betagte Menschen beherbergt.

Wo lernte Ihr Vater seine künftige Ehefrau kennen? —— Mein Vater legte 1924 das Staatsexamen in Zürich ab. In den darauffolgenden Jahren und noch bevor er 1926 zum Pfarrer ordiniert wurde, absolvierte er zwei Vikariate – eines beim damaligen Pfarrer von Pfäffikon und das andere in der Anstalt für Epileptische in Zürich [heute Schweizerisches Epilepsie-Zentrum], wo er auch seine künftige Ehefrau kennenlernte. Meine Mutter, Emma Gloor (7.1.1906–19.5.2002), war während der Einsatzzeit meines Vaters in der Anstalt als Pflegerin tätig. Im April 1927 kam es zur Heirat und in den folgenden Jahren wurden Hugo (1929), Reinhard (1930), Charlotte (1932), ich (1934) und Elisabeth (1938) geboren. Wir alle, bis auf meine jüngste Schwester, wurden von unserem Vater getauft, konfirmiert und verheiratet. Wir lebten von 1927 bis 1934 in Stadel bei Niederglatt, wo mein Vater seine erste Pfarrstelle innehatte. 1934 wurde er nach Zumikon berufen und die Familie bezog das Pfarrhaus dieser Gemeinde. Der Vater hatte nebst seinem Pfarramt in Zumikon auch einen Posten als Aktuar in der Kirchenpflege, Schulpflege und Armenpflege sowie ein Amt in der Schulkommission von

Küsnacht inne. Viel haben wir dazumal von der Arbeit unseres Vaters nicht mitbekommen. Am Tisch wurde nie darüber gesprochen. Ich erinnere mich vor allem noch an die Samstagabende, wo alle Hausbewohner still sein mussten, weil der Vater im Studierzimmer seine Predigt zu schreiben hatte.

Wann begannen die Augenleiden Ihres Vaters? —— 1938 fingen die Probleme mit den Augen an. Zuerst zerfiel die Makula des rechten Auges, 1945 die des linken. Adern platzten und dadurch kam es zu Netzhautblutungen. Mein Vater musste regelmässig nach Zürich, um seine Augen in der Augenklinik kontrollieren zu lassen. Da jedoch keinerlei operative Eingriffe möglich waren, verlor er langsam sein Augenlicht. In seinem Lebensrückblick beschreibt er den verbliebenen Sehrest wie folgt: «Diese Art der Sehbehinderung gestattete mir zwar ein schönes Mass an Mobilität, verunmöglichte mir aber das genaue Fixieren von Gegenständen, Bildern, und was besonders verhängnisvoll war, das Lesen.»[30] Die Behinderung führte dazu, dass mein Vater im Dezember 1951 sein Pfarramt in Zumikon niederlegen musste.

Arbeit trotz Erblindung — die Zeit nach 1952: Woran erinnern Sie sich noch? —— 1952 musste die Familie aus dem Pfarrhaus Zumikon in eine bescheidenere Fünfzimmerwohnung in Zürich umziehen. Ich erinnere mich, wie der Vater im ganzen Kanton Zürich seelsorgerische Besuche zu erledigen hatte. Dabei wurde er häufig von Frauen des Zürichbergs abgeholt und herumgefahren, was ihm die weiten Anfahrtswege ins Tösstal oder nach Pfäffikon ersparte. Auch wir Söhne musste hin und wieder an Sonntagen für Taxidienste einspringen. Ich kann mich auch an einige Gespräche meiner Eltern bezüglich Kassettenaufnahmen für blinde oder sehbehinderte Menschen erinnern. [Ab 1953 arbeitete Hugo von der Crone im Auftrag der Reformierten Blindenseelsorge für die Tonbandbücherei

Abb. 11: Emma und Hugo von der Crone vor ihrem Wohnhaus an der Clausiusstrasse 41 in Zürich, ca. 1955.

von Conrad Helbling. Er liess religiöse Werke auf Tonband sprechen, die dann über die Tonbandbücherei bezogen werden konnten.] Die Eltern diskutierten, welche Laien oder Schauspieler besonders gern gehört wurden oder wen man für weitere Aufnahmen anfragen wollte. Leider passierte es auch immer wieder, dass ein ausgeliehenes Tonband mit überspielten Stellen zurückgeschickt wurde, weil versehentlich die Aufnahmetaste anstelle der Playtaste gedrückt wurde.

Bis lange nach seiner Pensionierung wirkte mein Vater in diversen Blindenorganisationen mit. Um den vielen Aufgaben gerecht zu werden, war er stark auf die Unterstützung unserer Mutter angewiesen. Sie las ihm täglich vor, erstellte mit ihm die Zeitschrift «Kirchenbote in Braille» für die Reformierte Blindenseelsorge oder begleitete ihn auf Veranstaltungen. «Dass ich stets mit der hingebenden Hilfsbereitschaft meiner lieben Frau und meiner Familie, aber auch vieler anderer Helfer beim Begleiten und Vorlesen rechnen durfte, empfand ich nicht als selbstverständlich, sondern als besonderes Geschenk.»[31]

«KIRCHENBOTE IN BRAILLE», 1953–2006

Das Zeitschriftenangebot in Braille war bis Mitte der 1950er Jahre in der Schweiz eher dürftig. Seit 1911 publizierte der Schweizerische Blinden- und Sehbehindertenverband (SBV) zwar den «Schweizerischen Blindenboten» in Schwarzdruck und Brailleschrift;[32] somit hatten blinde und sehbehinderte Leser/-innen ein Blatt, das regelmässig erschien und über aktuelle Fragen und Fortschritte im Blindenwesen informierte. Doch lag die Schweiz mit ihrem Angebot an Braille-Zeitschriften weit hinter Deutschland (29 Zeitschriften) und Österreich (4).[33] Die Reformierte Blindenseelsorge wollte das magere Angebot an Blindenzeitschriften in der Schweiz erweitern. Auf Anregung Max Schindlers träumte sie von einem «Kirchenboten» in Braille, um damit nicht nur den Anteil der Schriften für ein sehbehindertes Lesepublikum zu erhöhen, sondern auch die Gemeinschaft unter den Blinden und Sehbehinderten zu fördern. Die RBS dachte dabei zuerst an eine Zusammenarbeit mit den bereits bestehenden Zeitschriften oder Zeitungen, die für ein sehbehindertes Publikum publizierten. Man setzte sich 1952 mit der Redaktion des «Schweizerischen Blindenboten» in Verbindung, doch die Leitung begrüsste den Vorschlag für eine spezielle Beilage für reformierte Blinde nicht. Sie wollte an der konfessionellen Neutralität des Blattes festhalten. Die Arbeitsgemeinschaft erwog weiter, mit dem deutschen religiösen Blatt «Der beste Freund» zu kooperieren. Hier wiederum äusserten die Vorsteher der Blindenseelsorge nach eingehender Überprüfung ihre Bedenken, da es sich zu einseitig auf Bekehrung und auf die Pflege des religiösen Lebens ausrichtete. Der «Kirchenbote» für Blinde, wie es sich die Vertreter der Blindenseelsorge wünschten, sollte in verschiedenen Bereichen informativ sein. So entschlossen sie sich letztendlich zur Herausgabe eines eigenen Blattes. Hugo von der Crone startete 1953 mit einer vierteljährlich erscheinenden Ausgabe, die anfänglich 8 und bereits nach wenigen Jahren 26 Seiten umfasste. Es war eine stark gekürzte Version des eigentlichen «Kirchenboten». Den Druck der 160 Exemplare übernahm zuerst die Blindenanstalt in Spiez, später die Druckerei der Blindenschule in Zollikofen (BE) und ab den 1980er Jahren die Schweizerische Bibliothek für Blinde, Seh- und Lesebehinderte in Zürich. Die Druckkosten wurden durch die Abonnementeinnahmen wie auch durch Unterstützung kirchlicher Behörden und des «Kirchenboten» finanziert. Hugo von der Crone übernahm während seiner Anstellung als Seelsorger und noch bis 1973 die Redaktion des neuen Blattes. Danach übergab er diese Aufgabe dem seit 1968 eingestellten Blindenseelsorger Peter Fisler. Die redaktionelle Aufgabe bestand nicht nur in der Auswahl von Artikeln aus dem «Kirchenboten» in Schwarzdruck. Die Blindenseelsorger stellten den

«Kirchenboten» für Blinde aus unterschiedlichen Quellen zusammen. Nebst dem Zürcher «Kirchenboten» wurden auch die «Kirchenboten» der Kantone Aargau und Schaffhausen regelmässig konsultiert. Weiter wurden religiöse Zeitschriften wie «Der Wanderer» oder «Kontakt» als Fundus genutzt. In steter Zusammenarbeit mit einer sehenden Person – bei Hugo von der Crone als auch bei Peter Fisler war dies die Ehefrau – wählten die beiden Blindenseelsorger ihr Material aus, stellten es zusammen und verfassten hin und wieder auch eigene Beiträge. Rasch entwickelte sich das Blatt zu einem wichtigen Bindeglied zwischen den Blinden und der Kirche. Es erfreute sich einer solchen Beliebtheit, dass ein deutscher Pfarrer 1958 meinte, dass sich selbst deutsche Blinde dafür interessieren könnten. Er sorgte in den folgenden Jahren für die Verbreitung des schweizerischen «Kirchenboten in Braille» unter den deutschen Blinden.

Nachdem Hugo von der Crone 1961 am Badischen Blindentag in Freiburg i. Br. teilgenommen hatte, liess er bei einer Vorstandssitzung verlauten, dass der Wunsch bestehe, den Braille-«Kirchenboten» auch auf Tonband aufnehmen zu lassen, mit der Idee, dass diese Tonbänder zirkulieren, später gelöscht und neu besprochen werden könnten. Die Vertreter der Blindenseelsorge stimmte zu und so gab es fortan den «Kirchenboten» in Voll- und Kurzschrift wie auch auf Tonband.

Wie viel Arbeit das Erstellen einer einzelnen Ausgabe in Braille und auf Tonband brauchte, wurde 1976 nochmals genauer festgehalten: «Nachdem meine Frau [Peter Fisler spricht] eine Nummer provisorisch zusammengestellt hat, liest sie mir die mir noch unbekannten Artikel vor, und wir besprechen anschliessend die ganze Nummer. Als nächsten Schritt liest sie die definitive Zusammenstellung für die blinden Druckerinnen auf Tonband. Dabei müssen alle Einzelheiten wie Satzzeichen, neuer Abschnitt, Zwischentitel usw. diktiert und alle Eigennamen und Fremdwörter buchstabiert werden [...]. Einen Monat vor Erscheinen des Kirchenboten müssen Tonband und Manuskript in der Druckerei sein [...]. Der verhältnismässig frühe Redaktionsschluss zwingt uns, die Tonbandausgabe auch entsprechend früh fertigzustellen. Auch hier liest meine Frau den grössten Teil der Artikel vor [...]. Der augenblickliche Stand der Hörer beträgt 65, derjenige der Leser 100.»

Ab Oktober 1990 wurde der «Kirchenbote in Braille» neu in «Die Quelle. Zeitschrift für die reformierten Blinden» umbenannt. 2007 wurde aufgrund der neuen Technik der reguläre «Kirchenbote» — seit Juni 2008 «reformiert.» — nach einigen Bemühungen der Reformierten Blindenseelsorge als Hörzeitschrift im DAISY-Format in Zusammenarbeit mit der Schweizerischen Bibliothek für Blinde, Seh- und Lesebehinderte (SBS) herausgegeben. Dies machte die Herausgabe einer eigenen Zeitschrift überflüssig und so wurde die «Quelle» eingestellt. Bis heute produziert die SBS die Hörzeitschrift «reformiert.» im Auftrag der RBS und stellt dem Verein Rechnung. Seit 2012 unterstützt der Trägerverein reformiert.zürich die RBS finanziell bei der Herausgabe dieser Hörversion.

ZUSAMMENARBEIT MIT DER TONBANDBÜCHEREI ZÜRICH, 1955—1990

Mitte des 20. Jahrhunderts stand es in der Schweiz um den Bücherbestand in Braille schlecht. Es gab keine landeseigene leistungsfähige Brailledruckerei, und die seit 1903 existierende Blinden-Leihbibliothek hatte ihr Angebot über die Jahre hinweg nur unzureichend erweitert. Dieser Umstand trieb wohl den seit frühster Jugend erblindete Conrad Helbling (1894—1968) dazu an, nebst seiner Massagetätigkeit eine Tonbandbücherei zu eröffnen. Er liebte zeitlebens die Literatur. Sobald er im Besitz eines eigenen Tonbandgerätes war, liess er sich von Freunden Bücher, die in der Blindenschrift nicht

*Abb. 12: Conrad Helbling mit deutschem Schäferhund.
Hinten ein Schauspieler, der ins Mikrofon spricht.*

erhältlich waren, auf Spulen — später Kassetten — sprechen. Vermutlich hegte er schon früh die Idee, diese Aufnahmen nicht nur privat zu nutzen, denn bereits 1950 gründete er die «Blindenbücherei auf Tonband».

Im März 1951 stellt Conrad Helbling an der Pressekonferenz von Pro Infirmis seine Idee sowie sein Projekt vor: «Die kulturelle Bildung der Blinden stellt ein Problem dar, zu dessen Lösung die Erfindungen der modernen Technik beigezogen werden können. In Zürich ist, so erzählt der Blindenfürsorger Helbling (Zürich), versuchsweise ein Lesezirkel für Blinde gegründet worden; gleiche Zirkel sollen in allen grösseren Städten ins Leben gerufen werden. In diesen Zirkeln werden den Blinden Romane, Novellen und Gedichte vorgelesen, die auf Tonbänder gesprochen worden sind. Es handelt sich also um eine Bibliothek sprechender Bücher. Ihr Bestand zählt heute bereits zwanzig Novellen. Um den Kunstgenuss zu vertiefen, wird Wert auf die Pflege des schönen Vortrags gelegt: Junge Schauspieler haben sich als Sprecher freiwillig zur Verfügung gestellt.»[34]

Um seinen Bestand möglichst breit zu erweitern, wandte sich Helbling ganz unterschiedlichen Themenfeldern und Institutionen zu. So wurde er 1953 auch bei den Vertretern der Reformierten Blindenseelsorge vorstellig und bot ihnen an, das Neue Testament auf Tonband sprechen zu lassen. Der Vorstand zeigte Interesse und Helbling erstellte eine Aufnahme, die er ihr gratis überliess. Sein Einsatz lohnte sich, denn auf diesem Weg überzeugte er die RBS nicht nur von den Vorzügen solcher Tonaufnahmen, sondern gewann sie auch zur Mitarbeit an seinem Werk. Ab 1955 liess die Reformierte Blindenseelsorge in Eigenregie und auf eigene Kosten religiöse Literatur auf Tonband sprechen und stellte sie Helblings Bibliothek zur Verfügung. Helbling übernahm den Vertrieb und die Ausleihe. Unter der Anleitung von Hugo von der Crone und seinem Nachfolger Peter Fisler lasen ehrenamtlich oder bezahlte Männer

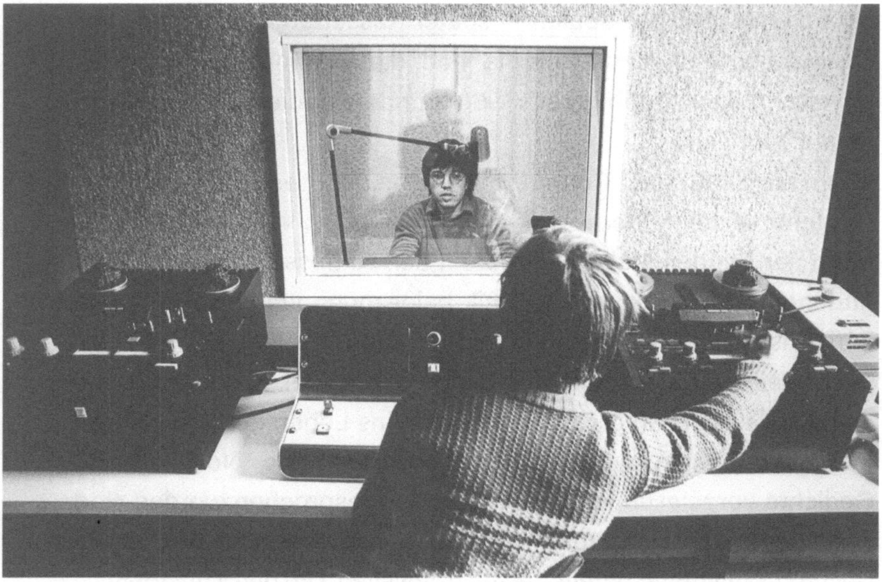

Abb. 13: Im Tonstudio der SBS:
Hinter der Glasscheibe wird im geschlossenen Raum der Text ins Mikrofon gesprochen, der Tontechniker vorn macht die Aufnahme.

wie auch Frauen, je nach Inhalt oder Dialogform, die Texte auf Band. Wie sich einer Liste von 1955 entnehmen lässt, gehörten zur Auswahl Geschichten von Albert Schweitzer, Helmut Gollwitzer wie auch Predigten und Biografien wichtiger reformierter Persönlichkeiten. Die Blindenseelsorge leistete sich ein Aufnahmegerät im Wert von 650 Franken. Die Tonbänder à zwei Stunden kosteten damals noch stattliche 11 Franken.

Die Arbeit und der finanzielle Aufwand lohnten sich. Die Tonbandbücherei vergrösserte sich im Vergleich zur Blinden-Leihbibliothek relativ rasch und erfreute sich einer dermassen grossen Beliebtheit, dass bald Kopien von den Originalen hergestellt werden mussten. Hermann Schulthess, Präsident der seit 1903 existierenden Blinden-Leihbibliothek, fühlte sich genötigt, im Jahresbericht 1957 eine Erklärung zur unterschiedlichen Entwicklung der beiden Bibliotheken zu geben: «Heutzutage ist der Blinde in seinen Bemühungen, sich Zugang zu den Schätzen des Geistes und des Wissens zu verschaffen, nicht mehr so sehr auf das Punktschriftbuch angewiesen. Moderne Vermittlungen und Hilfen sind entstanden. Denken wir vor allem an das Radio, das zwar auch seine Nachteile im Gefolge hat, für den Blinden aber sicherlich eine grosse Erweiterung seines geistigen Horizontes bedeutet. Dazu ist in neuester Zeit noch das ‹Sprechende Buch› gekommen, das Buch auf Tonband, das reich assortierte Hörbüchereien den Benutzern vermitteln. Hier braucht es kein mühsames Abtasten der Buchstaben mehr. Es wäre aber falsch, wenn die Punktschrift-Bibliotheken sich durch diese Entwicklung allzu sehr beeindrucken liessen oder gar ihre Mission als beendigt ansehen würden. Das Punktschriftbuch wird weiterhin für die geistige Erbauung und Belehrung der Blinden seine Bedeutung haben und nie ganz entbehrt werden können.»[35] Hugo von der Crone wurde 1957 in den Vorstand der Blinden-Leihbibliothek gewählt und

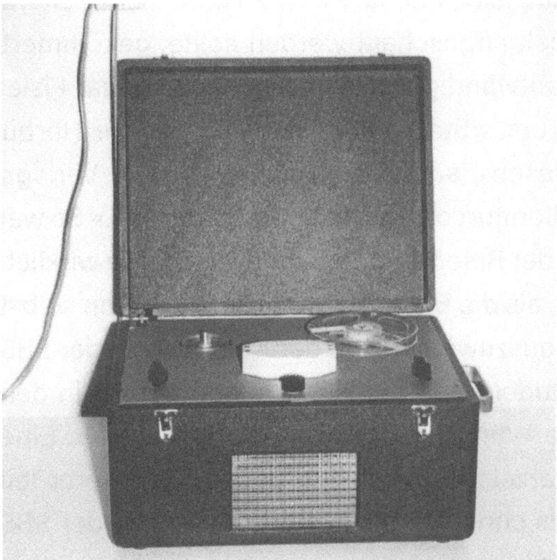

Abb. 14: Zugleich Abspiel- und Aufnahmegerät aus den 1960er Jahren; es wurde jeweils eine volle und eine leere Spule eingelegt. Mittels eines angeschlossenen Mikrofons konnten Privatpersonen auch Texte zu Hause auf Band sprechen.

1960 sogar zu deren Bibliothekar ernannt. So hatte er nebst seinen Einsätzen für die Reformierte Blindenseelsorge ein weiteres anspruchsvolles Amt, das er bis 1971 wahrnahm.[36]

Zu Beginn der 1970er Jahre entschied sich die Blindenhörbücherei wegen Raummangels für einen Neubau. Hugo von der Crone packte die Gelegenheit und erkundigte sich vorausschauend, ob die Blinden-Leihbibliothek ebenfalls Platz im neuen Gebäude fände. Die Leitungen beider Institutionen kamen zusammen und vereinbarten am 12. November 1974, nicht nur die beiden Bibliotheken im selben Gebäude unterzubringen, sondern diese auch zu einem Werk zu vereinen.[37] Der Verein Schweizerische Blindenhörbücherei und Blindenschriftbibliothek wurde am 4. April 1975 gegründet und die beiden örtlich getrennten Institutionen zogen nur vier Jahre später im alten Dorfkern von Albisrieden unter ein Dach. Die Reformierte Blindenseelsorge ist seit November 1974 Mitglied dieses Vereins, der sich heute Schweizerische Bibliothek für Blinde, Seh- und Lesebehinderte – kurz SBS – nennt. Bis 1990 hat sich das Ehepaar Fisler, insbesondere Frau Fisler, um die Auswahl christlicher Literatur, die von der Bibliothek angeschafft werden sollte, gekümmert. Da diese Arbeit enorm aufwändig war, sah sich das Ehepaar Fisler bereits 1977 nach Hilfe um. «Statt selber Literatur für die Hörbücherei mühsam zu ‹erlesen›, sollten vertrauenswürdige Verlagsleiter um einschlägige Literaturvorschläge gebeten werden.» So war wohl auch niemand von der Reformierten Blindenseelsorge wirklich empört oder enttäuscht, als die Bibliothek 1989 anbot, fortan selbst die christliche Literatur auszuwählen. «In der Kommission der SBS arbeitet ein Theologiestudent und die Hörer gaben bereits in den vergangenen Jahren die Wünsche direkt an die SBS weiter. Eine Durchsicht des Bücherverzeichnisses ergab, dass ein grösserer Teil der Literatur, die man als christlich bezeichnen kann, von der SBS selbst ausgewählt wurde.»

Heute noch hat die Reformierte Blindenseelsorge Anspruch auf einen Sitz im Stiftungsrat der SBS. 2009 ist der Sitz jedoch personell an die Caritasaktion der Blinden abgetreten worden.

MITWIRKUNG BEIM BLINDENHAUS «LEUCHTTURM» IN ZÜRICH

In der Ära des ersten Blindenseelsorgers Pfarrer Hugo von der Crone wird weiter die Basis für eine bis heute anhaltende Zusammenarbeit gelegt.

Während der 1950er und 60er Jahre erlebte die Schweiz eine wirtschaftliche Hochkonjunktur. Der Aufschwung führte dazu, dass vermehrt Gelder in den Ausbau des Sozialstaates flossen, wovon unter anderem auch das Blindenwesen profitierte. «Die gewiss wichtigste und umfänglichste Zielsetzung sozialpolitischer Art ist zurzeit die Durchführung der Infirmeneingliederung in unser Gesellschaftsleben.»[38] Der kantonale Blindenfürsorge-Verein und der Schweizerische Blindenverband kamen zusammen und gründeten am 18. März 1956 im Beisein diverser kleinerer Blindeninstitutionen die Arbeitsgemeinschaft Blinden-Leuchtturm. Sie hatte zum Ziel, die Eingliederung Sehbehinderter und Blinder in das Arbeitsleben zu verbessern, indem diese geschult und an Firmen oder geeignete Plätze vermittelt wurden. Weiter wollte sie ein Kultur- und Wohnhaus eröffnen, worin die Blinden und Sehbehinderten nebst Schulungen und Weiterbildung auch Verpflegung und Unterkunft erhielten. Hugo von der Crone war Mitglied der engeren Verwaltungskommission und somit am Puls des Projektgeschehens. Ende November 1958 fand die Gemeinschaft an der Leonhardstrasse 14 eine Liegenschaft, die sich für ein solches Vorhaben eignete, und man zögerte nicht lange mit dem Kauf. Schon im Folgejahr waren die Räume so weit hergerichtet, dass die ersten Bewohner einziehen konnten. Anfänglich waren es nur vier, das Haus bot jedoch Wohnraum für fünfzig Menschen. Hugo von der Crone leitete zu Beginn den Wohnhaussektor und organisierte monatliche Zusammenkünfte für Bewohner und Besucher zur freien Aussprache und zu ungezwungenem Beisammensein. Auch die Sitzungen der Reformierten Blindenseelsorge wurden zu dieser Zeit im Blindenhaus an der Leonhardstrasse abgehalten. Da es Hugo von der Crone neben seinen anderen Verpflichtungen als Seelsorger und Bibliothekar der Blinden-Leihbibliothek mit der stetig wachsenden Zahl an Bewohnern zu viel wurde, trat er dieses Amt bald ab. Die Reformierte Blindenseelsorge blieb indes über ihre Genossenschaftsbeteiligung von 1000 Franken Teil der Arbeitsgemeinschaft, auch wenn sie nicht mehr aktiv mitwirkte. 1979 schloss sich die Arbeitsgemeinschaft Blinden-Leuchtturm mit dem einst von Marie Bürki gegründeten Blindenheim Dankesberg für Frauen zur Stiftung Blindenwohnheim Mühlehalde zusammen. Beide Institutionen waren in baufälligen Gebäuden untergebracht. Die Vertreter entschieden sich für eine gemeinsam getragenen Stiftung, um bei der Planung eines neuen Wohngebäudes die Ressourcen möglichst effizient einsetzen zu können. Auf dem Areal des Heims Dankesberg in Witikon entstand das neue Wohnheim, welches 1985 eröffnet und insgesamt 87 Sehbehinderten Platz bot. Die Reformierte Blindenseelsorge wurde nun wieder in das aktive Geschehen der Stiftung miteinbezogen: durch regelmässige Andachten im Blindenwohnheim Mühlehalde von Peter Fisler seit 1986 und von Ursula Graf seit 2008.

1968–2007 Peter Fislers Amtszeit bei der Reformierten Blindenseelsorge

In den Jahren 1964/65 erhielt die Reformierte Blindenseelsorge ein grosszügiges Legat in der Höhe von 100 000 Franken. Dieser finanzielle Zuschuss erfreute die Vertreter der Blindenseelsorge und erleichterte die Arbeit für viele weitere Jahre. Im Protokoll wird humorvoll vom just erlangten Status als «Neureicher» gesprochen. Pfarrer Hugo von der Crone nutzte die Gunst der Stunde, um auf die schon früher erwähnte Notwendigkeit eines baldigen Nachfolgers für das Amt des Blindenseelsorgers hinzuweisen. Aufgrund der finanziell guten Lage war es der Institution nun möglich, einen Lohn gemäss der Besoldungsnorm stadtzürcherischer Gemeindehelfer zu bezahlen. Der bescheidene Pfarrer begnügte sich trotz veränderter Bedingungen bis zum Ende seiner Anstellung mit einem Einkommen von jährlich 4800 bis 6000 Franken. Dies bezeugt einmal mehr seinen ungebrochenen Idealismus für die Blindensache. Das Legat ermöglichte der Blindenseelsorge jedoch, eine neue tatkräftige Person für dieses Amt motivieren und anstellen zu können.

Bereits im Frühjahr 1964 kam Hugo von der Crone auf den noch jungen Peter Fisler zu sprechen: «Herr Peter Fisler, der selber blind ist und das Handelsschul-Diplom besitzt, hat den Wunsch, auf fürsorgerischem und seelsorgerischem Gebiet zu arbeiten [...]. Er lebt gegenwärtig in Lausanne, möchte dort halbtags als kaufmännischer Angestellter arbeiten und daneben in der Stadtmission helfen. Er möchte vor allem biblisch arbeiten. D. h. Bibelstunden halten und dergleichen [...]. Wir verfolgen mit Interesse und Anteilnahme die Entwicklung des jungen Mannes. Gleichzeitig lassen wir ihm die volle Freiheit. Er muss sich den richtigen Weg zeigen lassen und selber entscheiden.» Peter Fisler nahm wenig später das Angebot der Reformierten Blindenseelsorge an. Hugo von der Crone und Peter Fisler kamen überein, dass eine dreijährige Ausbildung an der Bibelschule Aarau für Peter Fisler sinnvoll sei. Der Vorstand der RBS willigte sogar ein, die gesamten Kosten von 15 000 Franken zu übernehmen, sofern Peter Fisler während der Ausbildung einige berufsrelevante Praktika wie auch Studienreisen absolvieren würde. So kam es, dass Peter Fisler 1966, vor seinem Beginn bei der Blindenseelsorge, ein Praktikum bei der Stadtmission Aarau und eines bei Pfarrer Hugo von der Crone auf der Blindenseelsorge (1966) machte. Hugo von der Crone war bei der Schulung des künftigen Blindenseelsorgers weitsichtig und dachte vernetzt. Sein Nachfolger sollte nicht nur in Zürich, sondern am besten kantonsübergreifend wirken. Es konnte der Sache nur dienlich sein, wenn Peter Fisler mit den übrigen Werken des deutschsprachigen Raumes vertraut gemacht würde. So überzeugte der Pfarrer seinen Auszubildenden von Kursen und Reisen ins benachbarte Deutschland. So nahm Peter Fisler als Erstes 1966 in Stuttgart an einer Veranstaltung zu Kindersegen und Geburtenkontrolle in der Ehe blinder Menschen teil. Die nächste, weitaus längere Reise dauerte sechs Wochen. Bei dieser Rundfahrt besuchte er im Sommer 1967 sämtliche Fürsorgestellen in West- und Ostdeutschland, wobei er in Hildesheim, Marburg, Kassel, Leipzig, Altenburg, Herrnhut, Dessau und Wernigerode haltmachte. Beim letzten Reisepunkt besuchte er auch die Brailledruckerei der Gesellschaft für christliches Leben unter den deutschen Blinden. Neben Periodika wie «Der beste Freund», «Glauben und Wissen» oder «Über den Tag hinaus», die man im gesamten deutschsprachigen Raum kannte — sofern man sich für christliche Zeitschriften in Blindenschrift interessierte — verlegte und druckte die Gesellschaft auch Auftragsbücher, Broschüren oder Teile der Bibel auf Wunsch in Braille.[39] Die Druckerei hatte sich in den 1920er Jahren auch der grossen Aufgabe angenommen, die gesamte Stuttgarter Jubiläumsbibel in Braille zu veröffentlichen. Das Projekt wurde 1933 abgeschlossen. Die Jubiläumsbibel in Braille wurde in 33 Bänden im Ausmass von Telefonbüchern herausgegeben. Nach Peter Fislers Rückkehr hielt man im Protokoll der Vorstandssitzung fest: «Er [Peter Fisler] zeigte sich speziell beeindruckt durch die gute evangelische Blindenpflege in Ostdeutschland.»

Nach Abschluss seiner Ausbildung in Aarau wurde Peter Fisler am 1. September 1968 von der Reformierten Blindenseelsorge vorübergehend als Helfer des Pfarrers angestellt. In stetem Austausch mit Hugo von der Crone arbeitete er sich so über einige Monate hinweg ein. Da er bereits während seiner Ausbildung bei unterschiedlichsten Anlässen der Reformierten Blindenseelsorge mitgewirkt hatte, war ihm die Arbeit nicht gänzlich neu und er konnte das Amt des Blindenpflegers bald ganz übernehmen.

Als Seelsorger musste er zuerst das Vertrauen seiner Klientel gewinnen. Nach knapp zehn Jahren im Beruf äusserte er sich besonnen und selbsthinterfragend: «Jeder Besuch ist für sich etwas Einzigartiges, schemenhaftes Vorgehen oder gar ‹Serienproduktion› erachte ich als völlig verfehlt in diesem Bereich. Die grosse Kunst ist, mit wachem Herzen und Verstand zur rechten Zeit zu schweigen und zur rechten Zeit das Richtige zu sagen. Dies alles lässt sich verhältnismässig leicht niederschreiben. Ich wage jedoch nicht zu behaupten, dass ich es in meiner Besuchstätigkeit auch immer so zu halten vermag [...]. Sehbehinderung und die Kenntnis ihrer Folgen sind an sich noch keine Gewähr für gute Arbeit. Je länger je mehr bin ich zur Überzeugung gelangt, dass das Sein des Menschen, seine Persönlichkeit von grundlegender Bedeutung ist. Wer in seinen eigenen Wünschen und Ängsten gefangen ist, kann kaum frei sein für die Nöte des Mitmenschen. Behinderung — welcher Art sie auch sei — und Einfühlungsvermögen gehören nicht zwangsläufig zusammen. Eines ist allerdings gewiss: Meine Gesprächspartner sind geneigt, wenn sie um meine Sehbehinderung wissen, mir das, was ich ihnen sage, eher abzunehmen. Dies gilt aber auch für das Falsche und Ungute, das sie von mir hören.»

Über viele Jahre hinweg führte er die bereits begonnenen Projekte von Hugo von der Crone weiter — so die Winterthurer Tagung, das jährliche Weihnachtsfest wie auch ab 1974 die Redaktion und Herausgabe des «Kirchenboten in Braille». Daneben baute er das Angebot der Reformierten Blindenseelsorge aus. Er gründete einen regelmässig stattfindenden Bibelkreis, organisierte Ferienwochen für blinde und sehbehinderte Menschen und ergänzte die im Herbst stattfindende Winterthurer Tagung um eine Frühlingstagung in einer jeweils neu gewählten Kirchgemeinde des Kantons Zürich.

Er engagierte sich nicht nur für die Reformierte Blindenseelsorge, sondern setzte sich auch bei diversen Vereinen für die Anliegen blinder und sehbehinderter Menschen ein. Er war sowohl Mitglied der Zürcher Kirchensynode als auch im Vorstand des Zürcher Blindenfürsorge-Vereins und der Christoffel Blindenmission. Dazu leitete er als Präsident die schweizerische Kommission für Sehbehindertenrehabilitation. Mit teils dazukommenden Weiterbildungen konnte er seinem eigentlichen Amt als Seelsorger bald nicht mehr richtig gerecht werden. Um den Vorstand von der Notwendigkeit einer unterstützenden Hand zu überzeugen, blickte Peter Fisler 1977 auf seinen bisherigen Besuchsdienst und die dabei gewonnenen Eindrücke zurück: «In den ersten Wochen meiner Tätigkeit bei der Reformierten Blindenpflege [...] reifte in mir der Plan, alle Sehschwachen und Blinden, deren Adresse ich besass, einmal pro Jahr zu besuchen [...]. Mit der Zeit fiel mir auf, dass ich nur sehr selten gerufen wurde. Ich suchte also nach dem Grund [...]. Mit der Zeit erkannte ich [...], weshalb ich so selten gerufen wurde. Für viele Sehbehinderte ist es mühsam, Mitmenschen immer wieder um etwas bitten zu müssen [...]. Durch einige Erfahrungen ermuntert, bin ich in letzter Zeit dazu übergegangen, den Einzelnen häufiger zu besuchen, um gewisse Fragen gründlicher zu behandeln. Es ist eindeutig, dass ich auf diese Weise besser helfen kann. Die Folge davon ist aber, dass ich andere überhaupt nicht mehr besuchen kann. Diese harte Tatsache darf nicht beschönigt werden.» Der Vorstand entschied 1979, Peter Fisler eine unterstützende Kraft zur Seite zu stellen, die sich vor allem Hausbesuchen in der Stadt Zürich und Umgebung annehmen sollte. Peter Fisler wohnte damals mit seiner Familie in Effretikon. Selbst beinahe ganz erblindet, forderten ihm die weiter weg gelegenen Besuchsziele einiges an Energie ab und so sehnte er sich nach einer Person, die ihn im Stadtraum Zürich entlasten konnte. Nach einigen Erwägungen stellte sich die seit 1977 dem Vorstand angehörende Sehbehinderte und einst als Kinderpflegerin tätige Ruth Mollet (heute Tanner) zur Verfügung. Man nahm ihr Angebot an und somit hatte die Reformierte Blindenseelsorge ab März 1980 zwei Mitarbeitende in Festanstellung, Peter Fisler zu hundert und Ruth Mollet zu fünfzig Prozent. Sie übernahm die Hausbesuche in der Stadt Zürich, erledigte Büroarbeit und unterstützte Peter Fisler bei diversen Anlässen. Bald schon berichtete auch sie von den Hausbesuchen: «Meine Gesprächspartner, die meistens im hohen Alter stehen, erzählen mir aus ihrem vergangenen und gegenwärtigen Alltag, häufig auch von der bedrückenden Not, die dadurch entsteht, wenn ihr geringes Sehvermögen noch ganz zu verschwinden droht. Ich habe den Eindruck, dass viele sich nur schon dadurch verstanden fühlen, weil ich selber fast blind bin. Sie freuen sich, wenn ich mit dem weissen Stock per Tram, Bus und zu Fuss zu ihnen unterwegs bin. Als ich diese Teilzeitarbeit begann, fragte ich mich, was ich als etwas über 40-jährige Frau diesen Menschen bringen könne, sind sie doch meistens bedeutend älter als ich und durch Leben und Leiden gereift oder auch verbittert. Eine Antwort darauf erhielt ich kürzlich von einer fast 90-jährigen, vollblinden Frau. Sie wohnt im 5. Stock eines Hauses ohne Lift und besorgt ihre Wohnung immer noch alleine. Als wir auf das Sterben zu sprechen kamen, sagte sie: ‹Wie gut, dass Sie zu mir kommen und mich auf meiner letzten Wegstrecke begleiten.›» 1986 wurde Ruth Tanner von Elisabeth Oesch abgelöst, die sich bis Juni 1999 derselben Arbeit annahm. Nach Elisabeth Oeschs gesundheitsbedingtem Rücktritt hat die Reformierte Blindenseelsorge darauf verzichtet, eine weitere Person neben Peter Fisler anzustellen.

ZUR BIOGRAFIE VON PETER FISLER — IM AUSTAUSCH MIT ANNERÖS KÜNDIG (GESCH. FISLER) UND REGINA GASSER

Peter Fisler (21.12.1942—16.3.2014) kam in Zürich zur Welt. Bereits im Säuglingsalter machte sich ein Augenleiden bemerkbar, das später zu seiner vollständigen Erblindung führen sollte. Das Glaukom, ein von Geburt an zu hoher Augeninnendruck, zwang zu zahlreichen operativen Eingriffen, die doch nicht recht die fortschreitende Erblindung aufhalten konnten. Schlimmer noch, eine der Operationen kostete Peter im Alter von zwölf Jahren sein linkes Auge.

Trotz eingeschränkten Sehvermögens besuchte Peter Fisler die Regelklasse der Primarschule in Altstetten. Für die Sekundarschule wechselte er an die private Evangelische Schule in Zürich. Während Peters Pubertät wurde klar, dass das Erlernen der Blindenschrift für ihn unumgänglich war. Mit fünfzehn Jahren trat er ins

Institut des Aveugles in Lausanne ein. «Der damalige Direktor setzte sich vehement dafür ein, dass besonders begabte Schüler die Handelsschule besuchen konnten. Schweizweit war dies einmalig. Mit Bravour schaffte Peter das Handelsdiplom und entschloss sich für die Matura.»[40] Kurz nach Erhalt des Handelsdiploms bekam Peter Fisler eine Anfrage von Pfarrer Hugo von der Crone, ob er das Amt des Seelsorgers in Zürich übernehmen wolle. Nach einigem Zögern und Abwägen sagte er zu. Er wollte indes zuvor noch einige praktische Erfahrungen als Kaufmann sammeln und war so für gut ein Jahr im Sekretariat der Lausanner Tageszeitung «Tribune de Lausanne» tätig. Unter lauter sehenden Mitarbeitern konnte er in der Sportredaktion erste journalistische Erfahrungen sammeln, die ihm später beim Erstellen des «Kirchenboten in Braille» zugutekamen.

Heirat und Familienleben

Mit siebzehn Jahren war Annerös Rickenbacher als Schwesternhilfe an der Augenklinik in Lausanne tätig. In unmittelbarer Nachbarschaft befand sich das Institut des Aveugles, wo Peter Fisler lernte und wohnte. Die jungen Männer des Blindeninstituts verdienten sich an den Wochenenden am Empfang der Augenklinik ein Sackgeld. Die Deutschschweizer Mädchen plauderten im Vorbeigehen gerne mit den blinden oder sehbehinderten Telefonisten. Peter Fisler zeigte besonderes Interesse an Annerös, und ziemlich schnell stand für ihn fest, dass er sie heiraten wollte. Sie hatte indes noch andere Pläne. Sie wollte sich zur Krankenschwester ausbilden lassen und zog für weitere Praktika in die Deutschschweiz. Peter erlangte an der Handelsschule in Lausanne sein Handelsdiplom, war ein Jahr bei der Zeitung tätig und absolvierte an der Bibelschule Aarau die dreijährige Ausbildung. Annerös liess sich zeitgleich im Rotkreuzspital Lindenhof in Bern zur Pflegefachfrau ausbilden. In diesen Jahren korrespondierten die beiden regelmässig brieflich –

Annerös hatte die Brailleschrift erlernt — und sahen einander hin und wieder. 1968 zog Peter Fisler nach Zürich und begann mit der Arbeit als Blindenseelsorger. Ein Jahr später kam es zur Hochzeit der beiden. Dank Annerös' Anstellung als Gemeindekrankenschwester in der Zürcher Altstadt konnte das junge Paar die Dienstwohnung an der Schlüsselgasse beziehen. 1970 kam Tochter Rahel zur Welt. Mit grossem Bedauern musste Annerös wegen gesundheitlicher Probleme die Arbeit als Gemeindekrankenschwester bereits 1971 beenden, damit verlor das Paar die Dienstwohnung. In Gossau ZH fand sich dann eine bezahlbare Wohnung. Dort kam 1972 Sohn Daniel zur Welt. 1975 zog die Familie abermals um, in ein grösseres Haus in Effretikon. Peter Fisler konnte im Dachstock sein eigenes Büro einrichten, wo nebst einer Schreibmaschine bald auch ein Aufnahmegerät stand. Das Schlauchboot in der Scheune nutzte er liebend gern, um mit seinen Kindern auf dem Zürichsee zu paddeln oder sich auf Flüssen treiben zu lassen. Als Vater zeigte er immer wieder grossen Mut, sei dies auf dem See oder wenn er gemeinsam mit dem Sohn Tandemvelo fuhr — und dies im beachtlichen Tempo von 60 km/h.

Sein nimmermüdes Interesse an der Welt und den Hunger nach Herausforderungen stillte Peter Fisler auf unterschiedliche Weise. Neben seinen Pflichten bei der Reformierten Blindenseelsorge hatte er ein Mandat bei der Christoffel Blindenmission, einer international tätigen Hilfsorganisation, über die er bis nach Indien und Afrika gelangte. Er war ein Kämpfer, der sich nicht durch seine Behinderung einschränken lassen wollte. Dennoch war er immer wieder auf die Hilfe anderer angewiesen oder es kam zu Stürzen, die ihm seine Abhängigkeit schmerzlich klar vor Augen führten. Das unmittelbare Fühlen seiner Behinderung stimmte Peter oft wütend und er konnte aufbrausend werden, was für die engsten Vertrauten nicht immer einfach war.

Abb. 15: Das Ehepaar beim gemeinsamen Musizieren, Annerös Fisler am Klavier, Peter Fisler singt.

An der Seite eines blinden Mannes: Ehefrau und zugleich Mitarbeiterin

Annerös wurde durch die Heirat nicht nur zur Ehefrau, sondern zugleich auch zur Mitarbeiterin bei diversen Projekten oder Anlässen der Reformierten Blindenseelsorge. Ab 1973 half sie ihrem Mann beim Erstellen der vierteljährlich erscheinenden Zeitschrift «Kirchenbote in Braille», ab 1990 in «Die Quelle» umbenannt. Sie übernahm ab 1976 die gesamte Redaktion und stellte bis Januar 1999 den Inhalt dieser Zeitschrift zusammen und verfasste eigene Berichte. Peter Fisler stand ihr bei dieser Arbeit als kritischer Lektor bei und verfasste ebenfalls Beiträge. Neben diesem Engagement übernahm sie bis 1989 die Aufgabe, theologische Bücher für die Tonbandbücherei vorzuschlagen. Auch für den Versand sämtlicher Kassetten war Annerös zuständig.

Rückblick auf erfüllende Momente

Musik hatte in der Familie Peter Fislers schon immer einen hohen Stellenwert. Sein Vater spielte häufig Handorgel und Peter nahm von klein auf Gesangsunterricht. Auch während der Ehejahre mit Annerös kam es oft zu gemeinsamem Musizieren, wobei Peter sang und Annerös ihn auf dem Klavier begleitete. Gerne erinnert sie sich, wie sie für Altersnachmittage in Kirchgemeinden Lieder von Bach, Schubert, Brahms und Schumann einübten. Auch die Freude an schöner und interessanter Literatur verband die beiden. Gemeinsam versanken sie in spannenden Biografien oder tauchten in die Bücher Jeremias Gotthelfs, Gottfried Kellers oder Conrad Ferdinand Meyers ein.

1996 kam es zur Scheidung. Peter Fisler lernte 2001 Regina Gasser kennen, die bereits nach wenigen Monaten zu ihm zog. Sie berichtet, wie sie zu Beginn immer wieder erstaunt darüber war, was Peter alles machen konnte und wie er sich in seinem Umfeld sowie in seiner Arbeit geschickt orientierte und organisierte. Zur Unterstützung bei der Arbeit las auch sie noch über ein paar Jahre hinweg die «Quelle» auf Band oder begleitete ihn gelegentlich zu Veranstaltungen und Besuchen. In der Freizeit und insbesondere nach Peters Pensionierung waren die beiden gerne in der Natur, um sich an der frischen Luft zu verausgaben. Nebst gemütlichen Tandemfahrten oder Langlauftouren wurden auch ausgedehnte Wanderungen unternommen, wobei der Blindenführhund Hönty nie fehlte. Im März 2014 verstarb Peter Fisler nach einem unglücklichen Sturz im Halbschlaf.

BIBELKREIS FÜR BLINDE, 1970–1996

Für Peter Fisler war Bibelarbeit stets ein zentrales Anliegen. So organisierte er 1970 einen Lesezirkel für Blinde und Sehbehinderte, wo man sich über bestimmte Textstellen der Bibel oder des kirchlichen Gesangbuches austauschte. «Jedoch steht nicht pro blinder Person eine Bibel und ein Gesangbuch zur Verfügung. Die Bibel in Braille umfasst 33, der Text des Kirchengesangbuches 4 Bände, alle etwas grösser als die Telefonbücher. Deshalb werden die benötigten Bibel- und Liedtexte auf losen Blättern ausgeteilt [...]. Nicht alle müssen oder können die Blindenschrift lesen. Manchmal reicht der Sehrest, um eine Bibel mit grossem Druck noch lesen zu können. Und wenn weder die eine noch die andere Schrift benützt werden kann, da stört es niemanden, wenn der Text oder Auszüge daraus wiederholt laut vorgelesen werden.» Um die Arbeit im Bibelkreis vertiefter durchführen zu können, besuchte Peter Fisler 1975 einen dreieinhalbmonatigen Griechischkurs an der Bibelschule in Aarau. Das dabei neu Erlernte wurde im Bibelkreis angewandt, indem neutestamentliche Texte fortan auch immer im Hinblick auf den griechischen Urtext ausgelegt wurden. «Mit gar manchem griechischen (hie und da auch hebräischen) Ausdruck sind die Mitglieder im Laufe der Zeit vertraut geworden. Auch die ganz grundsätzliche Problematik des Uebersetzens, von welchen Texten auch immer, ist ihnen nicht fremd.» Bis 1996 wurde dieses Treffen alle zwei bis drei Wochen angeboten.

INTERVIEW MIT ALFRED UND ELSBETH KELLER, TEILNEHMENDE DIVERSER RBS-VERANSTALTUNGEN

Herr und Frau Keller, Sie nehmen seit den 1970er Jahren an Veranstaltungen der Reformierten Blindenseelsorge teil. Wie kamen Sie zur RBS? —— **Elsbeth Keller:** Ich hatte gerade meine KV-Lehre in Bern abgeschlossen und wollte 1970 für ein Sprachjahr ins Welschland. In der Benediktschule war ich dann unter lauter Sehenden die einzige Blinde. Das gesamte Lernmaterial war in Schwarzschrift. Es war eine grosse Herausforderung für mich und einige Male packte mich eine dermassen grosse Wut, dass ich am liebsten die Grammatikbücher in eine Ecke geworfen hätte. Zu dieser Zeit rief mich Peter Fisler zufällig an. Er stellte sich als reformierter Blindenseelsorger vor und erkundigte sich, ob er mich besuchen dürfe. Ich war skeptisch, denn von der Kirche hatte ich zu diesem Zeitpunkt gerade genug. Dennoch sagte ich zu und es kam zu einem doch sehr ergiebigen Treffen. Peter Fisler predigte nicht von der Kanzel, sondern gab mir unglaublich hilfreiche Impulse und praktische Tipps. So zum Beispiel vermittelte er mir Grammatikbücher zur französischen Sprache in Punktschrift, was mir ermöglichte, am Sprachunterricht sinnvoll teilnehmen zu können. Der Austausch mit Peter Fisler setzte sich auch nach diesem Treffen fort. Ich nahm 1975 an der zweiten Besinnungswoche in Magliaso teil. Bald besuchte ich auch den von ihm geführten Bibelkreis und weitere Veranstaltungen der RBS.

Alfred Keller: Ich war Teilnehmer der ersten Besinnungswoche von 1973 auf der Meielisalp im Kanton Bern. Wie ich dazu kam, weiss ich nicht mehr recht. Ich war zu dieser Zeit in der Newlife- oder

Jesus-People-Bewegung aktiv. Ende der 1960er Jahre radikalisierte sich die Jugendszene in Zürich. Einige Christen verstanden es als ihre Aufgabe, das Evangelium direkt in der Szene zu verbreiten. Daraus entstand die sogenannte Newlife-Bewegung, die auch mich packte. Könnte sein, dass ich so auf das Angebot der Reformierten Blindenseelsorge aufmerksam geworden bin. Ab den 1980er Jahren nahm ich dann auch regelmässig an Peter Fislers Bibelkreis teil, weil ich neu in Zürich wohnhaft war. Dort kam ich meiner künftigen Ehefrau näher.

Sie sind nun 38 Jahre verheiratet und beide völlig erblindet. Können Sie von Ihrem Augenleiden und Werdegang berichten? —— **Elsbeth Keller:** Meine Mutter hatte, während sie mit mir schwanger war, die Röteln. So kam ich 1951 komplett erblindet in Rudolfingen (ZH) zur Welt – an dieser Stelle ein lustiges Einsprengsel: Pfarrer Armin Steiner, einer der Gründer der RBS, taufte mich in Trüllikon. Zurück zur Geschichte: Ich hatte grosses Glück, denn mit zwei Jahren konnte mein grauer Star so weit operiert werden, dass mir für die folgenden zwölf Jahre ein Sehrest vergönnt war. Auch hier wieder ein schöner Bezug zur RBS: Bei einem meiner Spitalaufenthalte im Zürcher Kinderspital besuchte mich Pfarrer Hugo von der Crone als Blindenseelsorger. Ich hatte nie mehr Kontakt zu ihm. Doch dieser eine kurze Besuch blieb mir so warm und gut in Erinnerung, dass ich 1992 seiner Beerdigung beiwohnte.

Nach der geglückten Augenoperation erhielt ich eine Starbrille, womit es mir fortan möglich war, zwei Zentimeter grosse Buchstaben, Umrisse und Farben zu erkennen. Da es in Rudolfingen keinen Kindergarten gab, wurde ich von meiner Mutter und meinen drei Schwestern während meiner Kleinkinderjahre wunderbar betreut und gefördert. Ich liebte das Malen und war als Kind einer Bauernfamilie trotz starker Sehbeeinträchtigung auch häufig in der Natur. Dass es so immer mal wieder zu Stürzen oder Prellungen kam, gehörte dazu. Für den Besuch der Schule musste ich nach Spiez in die damals so bezeichnete «Blindenanstalt» — eine reformierte Institution. Das Heimweh war gross, denn wir konnten nur während der Ferien nach Hause. Ich möchte an dieser Stelle aber auch sagen, dass die Betreuung in der Blindenanstalt sehr gut war und ich mich bestens entwickeln konnte. Während eines Sommerurlaubs zu Hause, ich war mittlerweile vierzehn Jahre alt, erblindete ich von einem Tag auf den anderen vollständig. Spannend war, dass mir mein Gehirn noch für zwei weitere Wochen vorgaukelte, ich würde sehen. So malte ich, fest überzeugt, das Gemalte auch sehen zu können, ins Poesiebuch einer Freundin oder fuhr einen mir bekannten Weg auf dem Fahrrad. Einzig beunruhigte mich in diesen zwei Wochen, dass es in der Nacht nicht mehr recht dunkel wurde. Nach einigen doch eher merkwürdigen Situationen suchte meine Mutter noch in denselben Ferien den Augenarzt auf, der mir schlicht eine stärkere Brille verschrieb, weil ich angeblich auch bei diesem Arztbesuch die Anzahl seiner hochgehaltenen Finger noch korrekt erkannt hatte. Nun denn, das Ferienende stand vor der Tür und ich kehrte zurück in die Blindenschule Zollikofen. Wieder ein kleiner Einschub: Die Blindenanstalt Spiez war im Sommer 1961 geschlossen worden und wir Schüler wurden neu in Zollikofen untergebracht und betreut. Dort angekommen stiess ich nun wirklich an Eck und End überall an. Die Schulleitung liess mich ins Inselspital in Bern bringen, wo die Ärzte meine vollständige Erblindung feststellten. Ich hatte anstelle von 17 einen Augendruck von 50. Erst nach der dritten Operation ist es den Ärzten gelungen, den Druck zu normalisieren. Den Alltag musste ich fortan als Blinde meistern.

Nach Abschluss der Schule entschied ich mich für eine dreijährige KV-Lehre in Bern. Während der Ausbildung erhielt ich von den Lehrern der Blindenschule grosse Unterstützung, wofür ich bis heute dankbar bin. Nach dem Abschluss der Lehre und dem bereits erwähnten Welschlandjahr zog ich nach Zürich ins Haus der Arbeitsgemeinschaft Blinden-Leuchtturm, bei deren Gründung wiederum Pfarrer Hugo von der Crone mitgewirkt hatte. Das Haus war ein guter Start, denn als blinde Person musste ich mich an das Leben in der neuen «Grossstadt» gewöhnen, und genau dabei halfen einem die Mitwirkenden des Blinden-Leuchtturms. Herr Stucki von der Arbeitsgemeinschaft hatte mir bereits vor meiner Ankunft in Zürich eine Stelle bei der BBC [heute ABB] vermitteln können, die schon zuvor von einer blinden Person besetzt gewesen war. Als Schreibkraft tippte ich nun von 1971 bis 1973 Texte ab Diktafon für die BBC. Nach zwei Jahren wollte ich mit dem Ersparten ein weiteres Abenteuer wagen und ging für acht Monate nach England, um nochmals eine Sprache zu lernen. Nach meiner Rückkehr wurde die bisherige Stelle, die mir zwar von der BBC frei gehalten wurde, gestrichen, beziehungsweise mein Chef legte mir nahe, zu künden, weil man mich nicht mehr recht beschäftigen könne. Ich hatte wieder Glück und fand nur wenig später eine Arbeit beim Bezirksgericht Zürich, wo ich bis zur Pensionierung bleiben konnte. Auch da war ich als Schreibkraft tätig, musste Protokolle ab Diktafon abtippen, häufig auch von Mundart ins Hochdeutsche übertragen. Ich war sehr froh, die Stelle bis 2015 behalten zu dürfen, zumal auch da meine Dienste gegen Ende der Anstellung immer weniger benötigt wurden.

Alfred Keller: Ich wurde 1956 mit einer starken Sehbeeinträchtigung geboren. Meine Mutter war zeitlebens stark kurzsichtig. Auch mein Bruder kam mit einer starken Sehbehinderung zur Welt. Mein genetisch bedingter grüner Star konnte nicht operiert werden. So sah ich zwar noch bis zum sechsten Lebensjahr in die Weite und erkannte auch Farben. Das bestechend schöne Bergpanorama über dem Thunersee oder gewisse Regenbögen sind mir bis heute in Erinnerung geblieben.

Bereits mit vier Jahren kam ich in die Blindenanstalt in Spiez. Der 1960 soeben eröffnete Kindergarten wurde von lediglich einem Mädchen und mir besucht. Wir hatten dementsprechend eine wunderbare Betreuung. Und ja, ich begegnete schon da meiner künftigen Ehefrau. Sie war indes fünf Jahre älter als ich und so kam es dort noch zu keiner engeren Freundschaft. Mit sechs verlor ich dann plötzlich, buchstäblich von einem Moment auf den andern, mein Augenlicht und lebe seither als Vollblinder wie meine Frau.

Nach dem Schulabschluss durchlief ich eine dreijährige Ausbildung als Telefonist und Büroangestellter. Wie viele andere wollte ich das dazumal übliche Welschlandjahr anhängen. Der Aufenthalt im fremden Sprachraum und in einer unbekannten Gegend war jedoch zu viel für meine Nerven und ich kehrte zurück nach Bern. Dort wurde ich in der geschützten Werkstatt des Blindenheims zur Verrichtung einfachster Arbeiten aufgenommen. 1976 entdeckte ich einen Stellenausschrieb von der Blindenschule Zollikofen. Sie suchte einen Punzierer. Sofort bewarb ich mich und ich hatte das grosse Glück, dass ein ehemaliger Lehrer von mir das Bewerbungsgespräch führte und wir auf gutem Fuss miteinander standen. Die Zusage gehört, nebst dem Tag meiner Hochzeit, zu den schönsten Momenten in meinem Leben. Die kleine Druckerei der Blindenschule in Zollikofen vervielfältigte vor allem Schulbücher in Blindenschrift. Daneben produzierte sie für den Schweizerischen Blindenverband den «Blindenboten» und «Der Weg». Mir wurde die Übertragung des «Kirchenboten in Braille», herausgegeben von der Reformierten Blindenseelsorge, anvertraut. So habe ich von 1976 bis 1980 in Zollikofen die Tonbänder, die Frau Fisler besprochen hatte, in Brailleschrift auf eine Druckerplatte punziert. 1980 wechselte ich zur Schweizerischen Bibliothek für Blinde, Seh- und Lesebehinderte in Zürich. Die Verantwortung für den Druck des «Kirchenboten in Braille» blieb bei mir und somit auch die Zusammenarbeit mit der RBS. 2006 hat die RBS die Publikation der Zeitschrift in Braille eingestellt.

Welche Angebote der RBS haben Sie genutzt oder nutzen sie noch heute? —— **Alfred Keller:** Wie gesagt, es fing 1973 mit dem Besuch der Besinnungswochen an. Dann kam der Bibelkreis im Lavaterhaus hinzu, den ich und meine Frau bis 1996, also bis zum Ende, besuchten — ein für uns ganz wichtiger Anlass, da wir ohne diese regelmässigen Sitzungen wohl nie das Glück unserer Liebe hätten erfahren dürfen. Auch an den Winterthurer Tagungen oder Gemeindebesuchen nahmen wir immer wieder teil. Was das publizistische Angebot der RBS betrifft: Wir abonnierten den «Kirchenboten» [später «Die Quelle»] in Braille, und jeden Sonntag freuen wir uns über das Kirchengesangbuch in Punktschrift. Seit den frühen 1980er Jahren haben wir auch die Bibellosungen abonniert. Zuerst wurde uns dieses Abonnement von der RBS vermittelt. Heute haben wir das Abo direkt beim Deutschen Zentrum für barrierefreies Lesen [früher Deutsche Zentralbücherei für Blinde]. Und nicht vergessen werden darf: Bis heute besuchen wir die jährlich stattfindende Adventsfeier.

Worin sehen Sie den Wert der RBS? —— **Elsbeth Keller:** Mein Mann und ich sind aktuell stark in der Kirchgemeinde unseres Wohnortes tätig, besuchen den Gottesdienst und fühlen uns somit gut aufgehoben. Ich erachte es aber als äusserst sinnvoll und bereichernd, dass es Institutionen wie die Reformierte Blindenseelsorge gibt, wo Betroffene selbst die Seelsorge ausüben und Veranstaltungen anbieten. Es ist ein komplett anderes Gefühl, mit einer Person zu sprechen, die weiss, wovon man spricht. Wir durften dank der RBS viele wunderschöne Momente erleben.

ÖFFENTLICHKEITSARBEIT: GEMEINDEBESUCHE, REFERATE, INTERNETAUFTRITT, 1975 BIS HEUTE

Die von der Reformierten Blindenseelsorge seit 1975 und bis heute durchgeführten Gemeindebesuche, einst Frühlingstagungen genannt, ermöglichen es den Sehbehinderten und Blinden, in einer sich stets wechselnden Kirchgemeinde zusammenzukommen. «Die Verwurzelung der Sehbehinderten in ihrer Ortsgemeinde ist uns ein wichtiger Grundsatz. Es hat sich aber als sehr hilfreich erwiesen, sich von Zeit zu Zeit an einer Tagung zu treffen.» Einerseits kann die RBS auf diesem Weg denjenigen Sehbehinderten entgegenkommen, deren Fortbewegungsmöglichkeiten eingeschränkt sind. Andererseits kann sie so auch eine breitere Öffentlichkeit erreichen und auf ihre Angebote aufmerksam machen. Die Tagung startet jeweils mit dem Besuch eines öffentlichen Gottesdienstes. Meistens gestaltet ein ortsansässiger Pfarrer die Andacht, sei dies im Alleingang oder in Zusammenarbeit mit dem jeweiligen Blindenseelsorger. Im Anschluss können sich die Besucher bei Kuchen und Kaffee austauschen. Ursula Graf, die seit 2008 als Blindenseelsorgerin für die Reformierte Blindenseelsorge arbeitet, berichtet ausführlich von einem dieser Besuche: «Waren Sie schon einmal an einem ‹sinnlosen Gottesdienst› dabei? Ich auch nicht, aber beinahe! Für die Blindenseelsorge sind Auftritte in der Öffentlichkeit wichtig, so versuchen wir aktiv Referate zu vereinbaren oder uns an Gottesdiensten zu beteiligen. Ich bekam im Februar [2015] einen Anruf von einer Pfarrerin, ob ich mit ihr und dem Pfarrer aus dem Nachbarort einen gemeinsamen Gottesdienst halten würde [...]. Wir sassen dann später um den runden Tisch in der Pfarrhausküche in Dättlikon gemütlich bei einem Kaffee und ich wurde aufgeklärt: nein, nicht ‹sinnlos›, sondern ‹Sinn-los› begabt! [...] also, welche Fähigkeiten sind in uns, können wir fördern und einsetzen, wenn der Sehsinn oder der Hörsinn nicht oder nur sehr eingeschränkt vorhanden ist. Ich war danach so begeistert, dass die ganze Blindenseelsorge eingeladen wurde und wir mit 22 Personen und zwei Blindenhunden einen wunderschönen Tag erlebten. Aus dem ‹sinnlosen› wurde ein sehr ‹sinnvoller› Tag mit vielen herzlichen Begegnungen zwischen den Gästen der Blindenseelsorge und den Einwohnern von Dättlikon und Umgebung.»

Zur Öffentlichkeitsarbeit gehören nicht nur die Gemeindebesuche. Auch Konfirmanden- und Schulklassen aller Stufen und sogenannte Seniorennachmittagen oder Frauenfrühstücksrunden werden aufgesucht. Die Teilnehmenden erfahren etwas über das Leben von Menschen mit einer Sehbehinderung und können sich mit Fragen ungeniert dem Thema Blindheit nähern. Der Besuch einer Konfirmandenklasse wird im Jahresbericht 2003 von Pfarrer Peter Arnold von Marthalen detailliert geschildert: «Peter Fisler erzählt die Geschichte seiner Erblindung und fasziniert dann seine jungen Zuhörerinnen und Zuhörer mit der Demonstration von allerlei Hilfsmitteln für seinen Alltag, die er dem mitgebrachten Koffer entnimmt. Manches wollen die Konfirmanden auch selbst ausprobieren — etwa jenes Gerät, welches Farben laut abliest und damit einem Blinden den Kauf von Kleidern sowie vor allem natürlich ein passendes Einkleiden ermöglicht [...]. Es folgt eine ausführliche Fragerunde [...]. Nichts fehlt — weder die Frage, wie man als Blinder kocht, noch jene nach einem Hadern mit Gott [...]. Zum Schluss schreibt Peter Fisler allen Konfirmanden ihren Namen mit seiner Blindenschrift-Maschine auf einen Streifen, den sie als Erinnerung mit nach Hause nehmen.»

Ab 2009 kommt in den Vorstandssitzungen immer wieder das Thema einer eigenen Website auf den Tisch. Erwägt wurde, ob man sich bei der Landeskirche einklinken oder eine eigene Website kreieren soll. Der Vorstand entschied sich für Letzteres und so wurde 2012 www.blindenseelsorge.ch aufgeschaltet.

BESINNUNGSWOCHEN FÜR BLINDE UND SEHBEHINDERTE MENSCHEN, 1973 BIS HEUTE

Auf Anregung deutscher Sehbehinderter bat Peter Fisler im Sommer 1972 den Vorstand der Reformierten Blindenseelsorge, im Folgejahr eine Besinnungswoche organisieren zu dürfen, die neben intensivster Bibelarbeit auch der Aussprache junger deutscher und schweizerischer Blinder und Sehbehinderter dienen sollte. Er erhielt grünes Licht und fand für das Vorhaben eine Unterkunft im Chrischonahaus Meielisalp im Kanton Bern. Die Protokolle von 1973 verraten nur wenig über das Programm der ersten Besinnungswoche; klar scheint indes, dass die Veranstalter vollends zufrieden waren: «Fräulein Schätti [aus dem Vorstand der RBS] und Peter Fisler berichten eingehend über die sehr erfolgreiche Veranstaltung. Insbesondere fügten sich auch die deutschen Teilnehmer sehr gut in die Gemeinschaft ein.»

Bis 1983 wurde die Veranstaltung alle zwei Jahre durchgeführt, danach entschied sich der Vorstand, jährlich eine Besinnungswoche anzubieten. Peter Fisler wie auch seine Nachfolgerin Ursula Graf fanden immer wieder neue Unterkünfte. Orte, die sich bewährten, wurden gerne mehrere Male besucht, da den Blinden und Sehbehinderten so das Gelände bereits bekannt war. Die im ersten Jahr erfolgte Einladung von blinden und sehbehinderten Teilnehmern aus Deutschland fand keine Wiederholung. Die Ferienwochen wurden und werden bis heute hauptsächlich von Menschen aus der Deutschschweiz besucht. Neben Bibelarbeit, kulturellen Stunden, lockerem Turnen, Vorlesen oder gemeinsamem Singen hatten und haben die Teilnehmer/-innen etliche freie Stunden, um Aktivitäten in der Umgebung zu frönen. Die Gestaltung der Freizeit war und ist dabei immer von der Anzahl begleitender Personen abhängig.

Die Relevanz einer solch langen Zusammenkunft wie der Besinnungswoche erkannte Peter Fisler im Teilen ganz alltäglicher Sorgen: «Unter seinesgleichen fühlt man sich wohl. Es braucht keine langen Erklärungen, wenn es z. B. um die inneren Widerstände gegen die Benützung des weissen Stocks, dieses Gefühl des Ausgestellt-Seins, geht, um das mühsame Herumkriechen auf dem Boden, wenn wieder einmal etwas hinuntergefallen ist, oder wenn es um die grässlich vernünftigen Vorschläge von Seiten sehender Personen geht, die zwar gut gemeint sind, für die man aber innerlich noch nicht reif ist.»

Seit Ursula Graf die Besinnungswochen leitet, wird zusätzlich an den Nachmittagen ein geleitetes Programm angeboten. Es ist der Seelsorgerin ein Anliegen, dass die Besucher in geschütztem Rahmen an Ausflügen und Aktivitäten teilnehmen können. Für mehr Sicherheit erhält jeder blinde oder sehbehinderte Teilnehmer eine sehende Begleitperson, die ihm oder ihr über die Woche hinweg zur Seite steht. Die Begleitpersonen werden für diesen Aufwand mit einem Batzen von der RBS entschädigt.

INTERVIEW MIT HEIDY ABT, FREIWILLIGE HELFERIN DER RBS

Frau Abt, seit wann leisten Sie freiwillige Einsätze? —— Ich erhielt 1994 eine Anstellung im Alterszentrum Grünau der Stadt Zürich. In der Cafeteria wie auch beim Putzen kam ich den Bewohnern des Alterszentrums näher und mit einigen entwickelte sich ein sehr herzlicher Austausch. Schon bald begleitete ich in meiner Freizeit den einen oder andern zum Arzt oder an eine Veranstaltung.

Wie kamen Sie zur RBS? —— Eine stark sehbehinderte Bewohnerin des Alterszentrums Grünau wollte 2011 an der Besinnungswoche der RBS teilnehmen und benötigte für diesen Aufenthalt eine Begleitung. Wir standen uns nahe und so zögerte ich nicht lange, als sie mich fragte, ob ich mitkäme. Seit dieser Woche bin ich bei diversen Veranstaltungen der RBS dabei – als Begleiterin sehbehinderter oder blinder Menschen wie auch als Helferin, wenn an einem Anlass Kaffee ausgeschenkt oder Essen serviert werden soll.

Woher nehmen Sie die Energie und Zeit, solche zusätzlichen Einsätze zu leisten? —— Ich empfinde die freiwilligen Einsätze nicht als Arbeit. Sie erfüllen mich und eröffnen mir neue Horizonte. Ich bin schon seit 1953 mit dem Thema Behinderung konfrontiert. Im Alter von drei Jahren bekam ich Kinderlähmung. Meine gesamte linke Körperseite war lahm. Während meiner Kindheit und Jugend konnte die Behinderung so weit geheilt werden, dass heute nur noch mein linker Arm beziehungsweise die linke Achsel lahm ist. Ich konnte mein Leben insofern selbstständig meistern. Das Wickeln meiner beiden Kinder war vielleicht speziell, aber trotz Behinderung fand ich immer einen Weg, Alltägliches zu erledigen. In meinem dritten Lebensjahr verstarb meine Mutter und im sechsten mein Vater. Beide Eltern hatten die Kinderlähmung. Ich habe noch zwei jüngere Geschwister, die vollkommen gesund geboren wurden. Wir alle wuchsen bei den Grosseltern in Braunwald auf. Nach Abschluss der Schule machte ich eine einjährige Lehre auf dem Telefonamt, da dies ein Beruf war, den man auch mit nur einer flinken Hand bewerkstelligen konnte. Sprachwissen war dabei unabdingbar und so ging ich als Au-pair für sechs Monate nach Schottland, wo ich einer Frau mit körperlicher Behinderung im Haushalt half. Sie sehen, das Umgehen mit Behinderungen jeglicher Art ist mir seit eh und je vertraut. Es ist für mich selbstverständlich und eine grosse Bereicherung, mit Menschen Zeit zu verbringen, die in irgendeiner Weise auf Hilfe angewiesen sind.

Sie machen diese Arbeit nicht des Geldes wegen. Was nehmen Sie jedoch von solchen Veranstaltungen mit? —— Gerade im Austausch mit blinden und sehbehinderten Menschen lerne ich unglaublich viel. Bei Zusammenkünften stelle ich allerlei Fragen – «Wie macht ihr eure Wäsche?», «Wie kocht ihr?». Die Antworten zeigen mir, wie kreativ einzelne Blinde sind. Daneben erfahre ich aber auch immer wieder von genialen Geräten, die Blinden alltägliche Verrichtungen ermöglichen – sei dies ein sprechender Fiebermesser, eine sprechende Küchenwaage oder ein Gerät mit Lichtsensoren, das sagt, ob eine Lampe an- oder ausgeschaltet ist.

Ich realisiere auch immer mehr, wie Menschen, die ihr Augenlicht verloren haben, auf ganz andere Sachen achten, sei dies der Echoeffekt einer Wand oder die Gangart und Stimme eines Menschen. Viele haben ein unglaublich gutes Gedächtnis und kreieren Systeme, womit sie sich in ihrem Kleiderschrank, in der Wohnung oder im Strassennetz zurechtfinden können. Hier nur ein Beispiel: Ich half jeweils einer sehbehinderten Frau, sich zu kleiden. Ihr Äusseres und ihr Auftritt waren ihr sehr wichtig. Sie besass unglaublich viele Schuhe und Kleidungsstücke. Damit sie die Übersicht über ihre Garderobe behalten konnte, markierte sie beispielsweise ihre liebsten Hosen mit Stecknadeln unterschiedlicher Grösse. So wusste sie immer, wo ihre liebste braune Hose war. Heutzutage gibt es, wie bereits erwähnt, Geräte, die gewisse Dinge vereinfachen — so auch ein Gerät, das die Farbe eines Kleidungsstückes angibt.

Gab es auch schon Situationen, die Ihnen als Begleitperson Blinder und Sehbehinderter Mühe bereiteten? —— Es kam schon vor, dass sich eine sehbehinderte oder blinde Person in irgendeinem Sinn vernachlässigte oder unpassend kleidete. Von Sehenden wurde ich gebeten, dies mit der betreffenden Person zu besprechen. Solche Dinge geschickt und nicht verletzend mitzuteilen, verlangt ein rechtes Mass an Einfühlungsvermögen. Grösstenteils werde ich aber sowieso von den Sehbehinderten und Blinden gebeten, zu sagen, wenn sie einen Fleck auf dem Pullover haben oder versehentlich einen kunterbunten Farbenmix an Kleidern tragen.

Was schätzen Sie am Engagement der RBS? —— Die Seelsorgerin Ursula Graf lebt ihren Glauben und gibt den Menschen im Gespräch und Zusammensein unglaublich viel. Als begleitende Teilnehmerin der Besinnungswochen durfte ich miterleben, wie die Arbeit an biblischen Textstellen oder der intime Austausch im Kreis aller Anwesenden sehr erfüllend sein kann. Wenn Ursula Graf

Predigten hielt, wählte sie Worte und Metaphern, die mich vielleicht gerade deshalb so berührten, weil sie schlicht, aber voller Wärme und Empathie waren. Die RBS ermöglicht Zusammenkünfte, die ich als grosse Bereicherung für blinde und sehbehinderte Menschen erachte. Ursula Graf trägt mit ihrer Art wesentlich zum Gelingen solch schöner Anlässe bei.

2006—2021 Krisenüberwindung und Neuorientierung: Ursula Graf und die Herausforderungen einer zeitgemässen Blindenseelsorge

KRISENJAHRE DES VEREINS

Die Angebote für Blinde und Sehbehinderte haben sich in den vergangenen Jahrzehnten stark entwickelt. Mit Peter Fislers Pensionierung stellten sich die Vorstandsmitglieder die Frage, ob und wie es weitergehen soll, denn es hatte sich in den vergangenen Jahren abzuzeichnen begonnen, dass einige Angebote der RBS nicht mehr recht genutzt wurden. Eine Auflösung des Vereins schien allen zu voreilig. «Gemäss Beschluss vom 11. Juli 2006 wird die RBS nicht abgeschafft, sondern beibehalten, jedoch mit neuen Aufträgen und ohne das herkömmliche Mandat, wie es von P. Fisler ausgeübt wird.»

Seit 2002 ereignete sich im öffentlichen Raum eine hitzige Debatte zur Gleichstellung behinderter Menschen im Kanton Zürich, was die

Gedanken einzelner Vorstandsmitglieder beeinflusste.[41] Die Integration und Gleichstellung behinderter Menschen sollte durch ein neues Übereinkommen einen einheitlichen Rahmen und grössere Sichtbarkeit erhalten. Das führte zum neuen Behindertengleichstellungsgesetz, das am 1. Januar 2004 in Kraft trat. Auch in der Kirche wurde nun darüber diskutiert, wie Menschen mit einer Behinderung besser in die Kirchgemeinde integriert werden können. Dem damaligen Pfarrer des Spezialpfarramts für Menschen mit Behinderungen, Rudolf Naegeli, schien eine Kooperation der verschiedenen Seelsorgestellen hierzu wünschenswert.[42] Für einige Vorstandsvertreter der RBS war es deshalb naheliegend, ein mögliches neues Aufgabenprofil der RBS auch vor diesem Hintergrund durchzudenken. Es kam zu hitzigen Debatten und unterschiedlichen Meinungen im Vorstand. Die besprochenen Vorschläge, wie weiter vorzugehen sei, können im Wesentlichen mit folgenden drei Szenarien wiedergegeben werden:

1. Einige Vorstandvertreter zogen eine Zusammenarbeit mit der Caritasaktion der Blinden oder mit dem Internationalen Blindenzentrum in Landschlacht in Erwägung. Es wurden auch Gespräche mit den Behindertenpfarrern für Hörbehinderte und Cerebral Gelähmte geführt, um mögliche Synergien zu schaffen.
2. Der Vorstand überlegte sich, anstelle der Anstellung eines eigenen Blindenseelsorgers vermehrt von einer Metaebene aus tätig zu sein und beispielsweise Kurse für Pfarrer und kirchliches Personal zum Umgang mit Blinden und Sehbehinderten anzubieten. So sollte eine bessere Integration Blinder und Sehbehinderter in den Kirchgemeinden gewährleistet werden. Ein solches Kursangebot sollte sich nicht allein an die Pfarrer und das kirchliche Personal des Kantons Zürich richten, sondern an weiter Interessierte aus der Deutschschweiz, wenn möglich sogar aus der französischen Schweiz.
3. Alle Vorstandsmitglieder waren sich einig, dass der Austausch unter den Blinden und Sehbehinderten weiter ermöglicht werden

sollte. Die bisherigen Anlässe wie die Adventsfeier und die Besinnungswochen im Sommer sollten mit gezielten Mandatsvergaben realisiert werden. Eine Person zu hundert Prozent anzustellen, schien allen nicht mehr gerechtfertigt.

Der Vorstand tat sich schwer und konnte sich nicht einigen. Es gab zwei Fraktionen: Die einen wollten die Strukturen eher so belassen, wie sie sie aus der Ära Fisler kannten und somit die Stelle eines Blindenseelsorgers erhalten. Die anderen wollten eine Veränderung der bestehenden Stelle und Richtung Förderung der Integration in den Kirchgemeinden gehen. Eine 2007 durchgeführte Umfrage unter den Klienten der RBS ergab: Die Sehbehinderten und Blinden wünschten weiterhin eine persönliche Betreuung durch einen Blindenseelsorger. Auch das Blindenwohnheim Mühlehalde wünschte sich, dass die Andachten weiterhin von einer Person durchgeführt wird, die selber eine Betroffene ist. Die sich nicht lösenden Meinungsverschiedenheiten im Vorstand und eine sich abzeichnende Müdigkeit angesichts einiger zermürbender Diskussionen führten im weiteren Verlauf zu einer massiven Umbesetzung — sowohl der damalige Präsident Pfarrer Peter Ruch als auch die Vorstandsmitglieder Pfarrer Rolf Diezi-Straub, Rudolf Diener-Volkart und Guido Jeker traten 2008 zurück. Der neue Vorstand entschied darauf, das Amt des Blindenseelsorgers beizubehalten und besetzte die 60-Prozent-Stelle im Oktober 2008 mit Ursula Graf. Im April wurde die Anstellung von der Vereinsversammlung bestätigt.

ZUR BIOGRAFIE VON URSULA GRAF — IM AUSTAUSCH MIT DER BLINDENSEELSORGERIN DER RBS

Ursula Graf kam am 26. Mai 1971 im Spital Uster fast vollständig erblindet zur Welt. Sie konnte bis zum zehnten Lebensjahr zwar noch hell und dunkel unterscheiden. Die Bilder der zu dieser Zeit wahrgenommenen Welt umschreibt Ursula heute als bewegte Schatten. Diese Schatten ermöglichten kein Erkennen von Gegenständen, denn sie waren aufgrund von Netzhautlöchern in ständiger Bewegung. Somit war die kleine Ursula länger als üblich auf allen vieren unterwegs und musste die Welt mit Händen und Füssen erkunden.

Bei einem ihrer häufigen Besuche bei der tiefgläubigen Grossmutter wurde die evangelisch-methodistische Kirche in Bäretswil besucht. Während sich die Grossmutter um die Blumen in der Kirche kümmerte, erklomm die vierjährige Ursula die Kanzel und erfuhr, einmal da stehend, ein Gefühl, das sie zutiefst berührte. Rückblickend bezeichnet sie diesen Moment als Geburtsstunde ihres christlichen Glaubens, denn ein Gefühl von Allmacht und Liebe durchströmte sie. Den so erweckten Glauben konnte sie vorerst nur bei der Grossmutter ausleben, da Ursulas Eltern keine praktizierenden Christen waren. Die Grossmutter las dem aufmerksamen Mädchen oft Geschichten aus der Kinderbibel vor oder nahm sie in Gottesdienste mit. Sobald Ursula die Blindenschrift beherrschte, lagen in ihrer Nachttischschublade immer zwei dicke Ordner, der eine mit einem Auszug aus der Bibel und der andere mit einer Karl-May-Geschichte. Am liebsten hätte sie nach der Schule Theologie studiert, doch dazu fehlte ihr die Matura. Obschon sie in der Blindenschule Sonnenberg in Baar zu den besten Schülern gehörte, musste sie nach dem Wechsel an ein reguläres Gymnasium Unglaubliches leisten, um mit den Sehenden Schritt zu halten. Lehrmittel und Unterrichtsmaterialien waren dazumal nur in den seltensten Fällen in Braille übersetzt. Die in einer Unterrichtstunde erstellten Tafelnotizen wurden teils nur einmal laut vorgelesen. Obschon Ursulas Mutter ihre Tochter mit unermüdlichem Einsatz unterstützte — sie übertrug auf einer Perkins-Punziermaschine ganze Bücher in Blindenschrift oder las Texte vor —, musste Ursula das Gymnasium und somit den Traum eines Theologiestudiums aufgeben, da es schlicht zu viel Energie absorbierte.

Bis heute gibt es in der Schweiz keine Blindenschule, die eine hausinterne Matura anbietet. Dies tut einzig die Deutsche Blindenstudienanstalt in Marburg.

Trotz Hürden im schulischen Alltag schloss Ursula Graf 1995 die kaufmännische Lehre erfolgreich ab. Einmal auf dem Arbeitsmarkt, musste sie aber feststellen, wie klein ihre Chancen auf eine Anstellung gegenüber der sehenden Konkurrenz waren. Darum entschloss sie sich zu einer Weiterbildung als Telefonistin, einem damals gängigen Beruf für Blinde und Sehbehinderte, und kam so schlussendlich zu ihrer ersten Praktikumsstelle in Biel. Auch wenn Ursula heute lächelnd auf diese Zeit als Telefonistin zurückblickt und Positives davon zu berichten weiss, gab sie die Suche nach einer kreativeren oder herausfordernden Anstellung nicht auf. Nach knapp einem Jahr wurde sie 1998 bei der Bühler AG in Uzwil fündig und als Sekretärin in der Lehrlingsabteilung eingestellt. Die Bühler AG, bekannt als sozialer Arbeitgeber, gab Ursula genügend Zeit, sich mit den neuen Aufgaben vertraut zu machen. Die Eingliederungsstelle für Sehbehinderte und Blinde in Basel installierte auf Ursulas Computer eine Software, womit sie fortan mit den für die Sekretariatsarbeit üblichen Computerprogrammen wie Excel und Word arbeiten konnte.

Der Ruf zum Glauben liess Ursula in all den Jahren nicht los und so kam es, wie es kommen musste. Sie begegnete in Uzwil einem Diakon, der ihren Hunger nach geistiger Nahrung gespürt haben musste und ihr anbot, dass sie ihn über eine Woche hinweg bei einigen seiner Einsätze begleite. Ursula realisierte schnell, dass dies die Arbeit war, die ihr entsprach. So dauerte es nicht lange und sie entschied sich abermals für eine Ausbildung, nämlich zur Sozialdiakonin am TDS Aarau, das auch Peter Fisler besucht hatte. In knapp vier Jahren lernte sie die theoretischen wie auch praktischen Aspekte diakonischer Arbeit kennen. Ohne Angst und mit viel Einfühlungsvermögen bewegte sich die komplett erblindete Ursula bei ihren

Abb. 16: Blindenseelsorgerin Ursula Graf, 2017.

Praktikumseinsätzen unter schwer drogenabhängigen Menschen oder bereitete voller Enthusiasmus ihren ersten Gottesdienst vor.

Während der Ausbildung begegnete sie Peter Fisler, durch den sie auf die Reformierte Blindenseelsorge aufmerksam wurde. Peter Fisler wurde 2007 pensioniert, zeitgleich mit Ursulas Abschluss in Aarau. Auf seinen Vorschlag hin meldete sie sich bei der RBS und bewarb sich auf die frei gewordene Stelle. Die RBS war sich zu diesem Zeitpunkt über das weitere Vorgehen im Verein noch im Unklaren und so erhielt Ursula vorerst nur das Angebot, auf Mandatsbasis im Wohnheim Mühlehalde die Andachten zu halten. Diese Tätigkeit nahm sie ab Januar 2008 auf. Im Oktober desselben Jahres folgte die Festanstellung als Blindenseelsorgerin.

ALTES BEWAHREN UND NEUES WAGEN – WEITERENTWICKLUNG DER RBS, 2008 BIS HEUTE

Ursula Graf organisiert und leitet seit Oktober 2008 die Adventsfeiern und Besinnungswochen, wie dies bereits ihr Vorgänger machte. Sie initiiert Gemeindebesuche, hält Referate in Schulklassen oder an Seniorennachmittagen und leistet so einen wichtigen Beitrag zur besseren Inklusion blinder und sehbehinderter Menschen. Daneben ist sie als Blindenseelsorgerin auch für die Hausseelsorge und Andachten im Wohnheim Mühlehalde zuständig. Auf die Frage, welchen Themen einer Blindenseelsorgerin heutzutage begegnen, meint Ursula Graf: «Die Probleme blinder und sehbehinderter Menschen haben sich in den vergangenen Jahrzehnten wohl nicht grundlegend geändert. Themen wie Angst, ein kurzzeitiges oder länger anhaltendes Gefühl von Aufgeben angesichts kompletter Aussichtslosigkeit sind wohl zeitlos und völlig naheliegende Folgeerscheinungen, wenn ein Mensch plötzlich total erblindet. Mir ist es als Seelsorgerin wichtig, dass ich jeden Menschen dort, wo er steht, abholen und ihn stärken kann. Zur Seelsorge, wie ich sie verstehe, gehört somit auch, dass ich mit einer Klientin hierfür vielleicht einfach mal shoppen gehe und sie sich danach besser fühlt. Es müssen nicht immer Gespräche sein. Natürlich möchte ich die Kraft des Glaubens aus jedem herauskitzeln. Dies wird aber nicht von jedem gleichermassen gewünscht. Häufig muss ich auch Anliegen ganz praktischer Art lösen. Ein Klient benötigt Informationen, die ich als Blindenseelsorgerin nicht habe. Dann vermittle ich ihn an die richtige Stelle. Wo kann eine Person lernen, sich mit dem Langstock einigermassen sicher fortzubewegen? Wozu und wie kann man das Milestone-Gerät nutzen? Es gibt die Zürcher Low-Vision-Beratung, die Zürcher Sehhilfe, den Blindenbund wie auch den Blindenverband und noch einige Stellen mehr. Alle diese Institutionen haben ein je eigenes, manchmal auch überschneidendes

Angebot. Daher ist es sehr wichtig, dass man als Blindenseelsorgerin mit all diesen Orten vernetzt ist. Ebenfalls kann es vorkommen, dass jemand das Kirchengesangbuch in Braille oder die Zürcher Bibel wünscht. Die Zürcher Bibel verkaufen wir als CD-Box oder SD-Karte. Das Gesangbuch lassen wir von der Schweizerischen Bibliothek für Blinde, Seh- und Lesebehinderte drucken und verkaufen es dann.»

Neben vielen Tätigkeiten, die schon ihr Vorgänger Peter Fisler ausgeübt hatte, erweiterte Ursula Graf auch die Angebote. Seit 2010 bietet die RBS jährlich einen Tagesausflug für blinde und sehbehinderte Menschen an. Dabei trägt Ursula Graf die Verantwortung, dass sich die Teilnehmenden wohl und gleichzeitig auch unterhalten fühlen. Der Ausflug von 2016 zeigt, dass sich solche Exkursionen nicht nur für Blinde und Sehbehinderte lohnen, sondern teils auch als Aufklärungsbeiträge für die Gesellschaft verstanden werden können. Ursula Graf wollte 2016 nach Hallau zum Getränkehersteller Rimuss. Um den Tag optimal vorbereiten zu können, besuchte sie im Voraus die Firma und das Gelände. Bei ihrer Ankunft wollte sie der Leiter am liebsten gleich wieder heimschicken, denn wie sollte eine Führung für blinde und sehbehinderte Menschen in dieser Firma funktionieren – so vermutlich seine Bedenken. Ursula Graf liess sich nicht einschüchtern, sondern überzeugte den Zuständigen, dass ein solches Unterfangen funktionieren werde. Der Ausflug war dann auch wirklich für alle Beteiligten sehr lohnenswert und lehrreich. Die Blinden und Sehbehinderten durften in der Fabrik Unterschiedliches berühren und lernten beim Rundgang durch die Firma so manch interessante Details kennen. Vielleicht hat sich auch beim einen oder anderen Leitenden nachhaltig etwas in der Einstellung gegenüber Blinden verändert. Trotz Sehbeeinträchtigung können Betroffene viel machen. Aufgrund fehlenden Wissens seitens Sehender unterschätzen diese wohl nicht selten die Agilität und das Können sehbehinderter und blinder Menschen.

In den vergangenen Jahren hat Ursula Graf auch bei neuen Projekten mitgewirkt. Auf Initiative von Pfarrer Matthias Müller-Kuhn vom Gehörlosenpfarramt wirkt sie seit 2016 beim «Mitenand-Tag» der Landeskirche mit, einem gemeinsamen Gottesdienst, der sich an alle Menschen mit einem Handicap richtet. Die Veranstaltung wurde bislang an zwei verschiedenen Orten durchgeführt — 2016 in der Kirche St. Jakob und 2018 sowie 2019 in der Schweizerischen Epilepsie-Klinik. Weiter hat sie in Winterthur einen neuen Anlass ins Leben gerufen. Seit Februar 2019 findet dort monatlich der sogenannte «Zwischenhalt» in den Räumen der Beratungsstelle des Blindenbundes statt. Die Treffen dienen einer vertieften Auseinandersetzung mit der Bibel.

INTERVIEW MIT JANKA REIMMANN, KLIENTIN DER RBS

Frau Reimmann, Sie sind stark sehbeeinträchtig und treffen sich regelmässig mit Ursula Graf, Blindenseelsorgerin der RBS, zu Gesprächen. Wann begann Ihr Augenleiden und wie prägte die Sehbeeinträchtigung Ihren Werdegang? —— Im Alter von acht erlitt ich [Jg. 1974] komplett unerwartet einen schweren Sehverlust. Lediglich 15 Prozent blieben zurück. Womit dies zusammenhing, kann bis heute nicht eindeutig gesagt werden. Lange dachten die Ärzte, es sei die Nebenwirkung einer Masernimpfung. 2010 wurde indes eine Autoimmunkrankheit bei mir diagnostiziert, die ebenfalls für diesen Verlust mittels eines damals nicht erkannten Schubes hätte verantwortlich sein können. Mit den 15 Prozent sah ich zwar noch Umrisse, jedoch war alles verschwommen. So musste ich an die Sonderschule in Altstetten wechseln und meinen Ausbildungsweg gemächlicher nehmen. Nicht ganz ohne Stolz möchte ich aber festhalten, dass ich 1994 die Lehrabschlussprüfung als Klassenbeste mit einem Durchschnitt von 5,8 abschloss. Im Anschluss daran ging ich nach Pomy im Kanton Waadt, wo ich für drei bis vier Monate mein Französisch aufbesserte, indem ich als Telefonistin arbeitete. Die mannigfachen Herausforderungen in Pomy entsprachen meinem Wesen und ich genoss den Aufenthalt fernab meines Elternhauses. Zurück in Zürich, kam dann der Frust. Ich erhielt als beinahe Blinde auf die Schnelle nur eine Anstellung am Empfang einer Firma, wo ich mich komplett unterfordert fühlte. Zudem war die naheliegendste Lösung nach dem Welschlandaufenthalt, dass ich wieder ins Elternhaus zurückkehrte, was auch nicht gerade mein Selbstwertgefühl stärkte. Der Frust frass sich in mein Gemüt. Um mir meine Stärke zu beweisen, fiel ich in eine starke Magersucht und hungerte mich auf knapp vierzig Kilo ab. Ich fühlte mich dabei bestens und war stets in Bewegung. Zum Frühstück gab es einen Organgensaft, zu Mittag ass ich eine halbe Melone und am Abend vielleicht noch einen Salat. Tja, das Ganze endete mit sechs Wochen in der offenen Klinik Littenheid bei Wil. Eine Magersucht wird man nicht von einem Tag auf den anderen los. Irgendwie muss es in einem selbst klick machen. Klick machte es bei mir, als eine Betreuerin mir klarmachte, dass ich beim Verlust eines weiteren Kilos ins Spital eingeliefert würde und künstlich ernährt werden müsste. Das schreckte mich dermassen ab, dass ich behutsam begann, meine Essgewohnheiten wieder zu normalisieren. Was mir darüber hinaus auch half, war vor allem der Hinweis, dass ich erst mit einem Gewicht von 42,5 Kilo einen Blindenführhund haben könne. Dies war ein grosser Wunsch von mir und somit auch ein idealer Antrieb. Es dauerte gut zwei Jahre, bis ich meine Magersucht überstanden hatte, und bis jetzt bin ich auch nie mehr rückfällig geworden.

Die Frage nach einer geeigneten Tätigkeit für mich war mit dem Ende der Magersucht indes nicht vom Tisch. 1998 hatte ich das grosse Glück, bei der Ausstellung «Dialog im Dunkeln» im Museum für Gestaltung mitwirken zu dürfen. Die Ausstellung setzte sich aus vier komplett abgedunkelten Räumen zusammen, wovon drei akustisch einem Thema gewidmet waren. In Raum eins erfuhren die Besucher die Klangwelt des Waldes, in Raum zwei diejenige eines Wohnzimmers und in Raum drei hörten sie die Lärmkulisse einer Strasse. Ich führte die Besucher durch die Räume und zuletzt in den vierten, wo sie in kompletter Dunkelheit an einer Bar noch ein Getränk konsumieren durften. Die Ausstellung kam bei den Besuchern dermassen gut an, dass sich vier Personen zusammentaten und 1999 die Eröffnung des Restaurants «blindekuh» initiierten. Zu den Gründern gehörten der blinde Pfarrer Jörg Spielmann, der blinde Sänger Thomas Moser, der stark sehbeeinträchtigte ehemalige Innenarchitekt Stefan Zappa und die geburtsblinde Sozialarbeiterin Andrea Blaser. Vom ersten Augenblick an war ich als Serviceangestellte mit im Boot. Mittlerweile arbeite ich da seit 21 Jahren. Die Arbeit erfüllt mich sehr, weil es ein echter Job ist. In der «blindekuh» trage ich die volle Verantwortung für die Tische, die ich bediene. Für einmal helfen hier die Blinden den Sehenden. Ein gutes Gefühl, denn was wir sonst nur allzu häufig als Verlust wahrnehmen müssen, wird in diesem Restaurant plötzlich neu zu einer Kompetenz und als Ressource genutzt.

Seit der Pandemie 2020 halte ich mich mit Arbeitseinsätzen zurück, weil ich aufgrund meiner Autoimmunkrankheit besonders gefährdet bin. Ich habe das grosse Glück, dass ich verheiratet bin und stets auf die Unterstützung meines Mannes zählen kann. Sogar das Kochen hat er mir vereinfacht, indem er für jedes Gewürz ein Plättli mit Brailleaufschrift gestanzt hat. Ist er ein Geschenk Gottes? Ich glaube fest daran.

Wie sind Sie zur RBS gestossen und welchen Stellenwert hat die Religion in Ihrem Leben? —— Ich komme nicht aus einem besonders religiös geprägten Haushalt. Meine Mutter war reformiert und mein Vater katholisch. An Weihnachten und Ostern besuchten wir die katholische Kirche und damit hatte es sich dann auch schon.

Erst vor vierzehn Jahren bin ich wieder auf die Kirche gestossen und da änderte sich mein Verständnis von Jesus Christus grundlegend. Ich befand mich zu dieser Zeit in einer tiefen Depression. Eine meiner engsten Freundinnen wollte helfen und nahm mich zur Freikirche GvC [Gemeinde von Christen] in Uster mit. Ich erhielt über diese Gemeinschaft seelsorgerische Unterstützung und fing an, regelmässig Predigten zu besuchen. Nebst der Einnahme von Antidepressiva tat diese vertiefte Auseinandersetzung mit Gott, Jesus Christus und der Bibel auf einer seelischen Ebene unglaublich gut. Der wachsende Glaube half mir eindeutig, aus der damaligen Krise zu kommen.

Im Frühjahr 2019 wurde ich abermals durch eine Freundin auf die Veranstaltung «Zwischenhalt» der RBS aufmerksam gemacht. Ich verstand mich auf Anhieb gut mit Ursula Graf und nahm fortan regelmässig an diesen Zusammenkünften teil. Ende 2019 erhielt ich wiederum eine erschreckende gesundheitliche Diagnose und fiel deswegen wiederholt in eine Depression. Ursula Graf fing mich mit viel Herz und Einsatzbereitschaft auf. Wir trafen uns einmal pro Woche und tauschten uns aus. Auch während des Lockdowns führten wir die Gespräche per Telefon weiter. Diese Erfahrung brachte mich Ursula Graf und so auch indirekt der RBS näher.

Worin erkennen Sie den Wert der RBS? —— Ich kenne sowohl Psychologen wie auch Seelsorger. Ursula Graf hat eine einzigartige Kraft, Menschen aufzufangen. Nirgends konnte ich mich auf einer solch tiefen Ebene austauschen. Im Beisammensein mit Ursula kann ich komplett loslassen, so dass die Tränen fliessen und ich mich tatsächlich befreiter fühle. Eine solch tröstende Erfahrung kannte ich aus meinen bisherigen Gesprächen mit beratenden Fachpersonen schlichtweg nicht. Ich vermute, das hängt unmittelbar mit Ursulas eigener Blindheit zusammen. Als Betroffene fühlt man sich im Gespräch mit einer Betroffenen einfach besser verstanden. Insofern ist die RBS für mein seelisches Wohlbefinden eine grosse Bereicherung.

1946—2021 Institutionsgeschichte und Finanzen

Die Reformierte Blindenseelsorge wechselte nur einmal in ihrer Geschichte den Namen. Von 1946 bis 2000 hiess sie Reformierte Blindenpflege für den Kanton Zürich. 1997 wies Peter Fisler darauf hin, dass dieser Name nicht mehr zeitgemäss sei, «weil Pflege im Zusammenhang mit Blind eher den Bereich der Krankenpflege suggeriert als den des Tragens einer Verantwortung, wie dies bei Kirchenpflege oder Schulpflege der Fall ist». So wurde die Institution im Jahr 2000 in Verein für Reformierte Blindenseelsorge im Kanton Zürich, kurz RBS, umgetauft, wodurch die Sorge um das geistige Wohl der Klientel den Vorstandsmitgliedern besser hervorgehoben schien.

Der Sitz der Reformierten Blindenseelsorge war von 1946 bis 2012 jeweils das Zuhause des Blindenseelsorgers oder der Blindenseelsorgerin. Um besser erreichbar zu sein, war die RBS von August 2012 bis Februar 2021 bei der OMIS AG in Uster gleich neben dem Bahnhof eingemietet. Seit März 2021 arbeitet die Blindenseelsorgerin Ursula Graf wieder von ihrem ebenfalls in Uster gelegenen Zuhause aus.

Die Reformierte Blindenseelsorge wirkte von Beginn weg bis 1973 als Konsortium oder einfache Gesellschaft. In dieser Gestalt konnte sie relativ frei schalten und walten und unmittelbar auf die

Anliegen des jeweils angestellten Blindenseelsorgers eingehen. Dennoch musste sie ihren Auftrag in irgendeiner Form festhalten, um an Hilfesuchende wie auch an Spendengelder heranzukommen. Darum und auch zur Abgrenzung von der bereits bestehenden kantonalen Blindenfürsorge entstanden 1954 die Richtlinien zum Auftrag und Ziel der Institution (siehe Abbildung S. 43). Die darin erwähnten Punkte gelten grösstenteils noch, nur dass die RBS seit 2006 keine Zeitschrift mehr herausgibt und seit den 1990er Jahren ihr Engagement in der Schweizerischen Bibliothek für Blinde, Seh- und Lesebehinderte in gegenseitigem Einverständnis abgebaut hat.

Der 1973 gefasste Beschluss, das Konsortium in einen Verein überzuführen, war eine unmittelbare Folge der finanziellen Situation der Reformierten Blindenseelsorge. Mit den freiwilligen Beiträgen des Kirchenrates und der Kirchgemeinden deckte die RBS in den Anfängen ihre gesamten Ausgaben. Die noch junge Organisation startete mit einem Budget von knapp 10 000 Franken. Da der erste Blindenseelsorger Pfarrer Hugo von der Crone nur ein kleines Gehalt von 4800 bis 6000 Franken pro Jahr bis zum Ende seiner Anstellung forderte, konnte die RBS trotz geringer Mittel ihr Werk langsam auf- und ausbauen. Noch 1961 vermerkte der Buchhalter C. Meyer: «Das Vermögen der Reformierten Blindenpflege stieg um Fr. 2257.99 auf Fr. 16 318.41, was ein sehr gutes Rechnungsergebnis bedeutet.» Diese positive Haltung gegenüber einem doch eher bescheiden anmutenden Kassenstand wurde bald gegenstandslos, denn 1965 änderte sich die finanzielle Lage schlagartig. Ein grosses Legat liess am 31. März 1965 das bislang kleine Vermögen der RBS auf rund 100 000 Franken hochschnellen. Das Überleben der Institution schien über Jahre gesichert. Doch führte die 1968 erfolgte Anstellung des neuen Blindenseelsorgers Peter Fisler zu unerwartet hohen Ausgaben, da ihm vertraglich der Lohn eines stadtzürcherischen Gemeindehelfers, zu dieser Zeit rund 19 000 Franken pro Arbeitsjahr, zustand. Obschon in den 1960er Jahren noch zwei weitere kleine Legate eingingen, sah sich die Reformierte Blindenseelsorge 1972 genötigt, den Kirchenrat um finanzielle Unterstützung zu bitten. Präsident Pfarrer Ewald Walter und der Rechtsanwalt und Kassierer der Reformierten Blindenseelsorge J. Jenny verfassten einen ausführlichen Antrag an den Kirchenrat mit folgenden Anliegen: «1. Wir ersuchen Sie, die ‹Reformierte Blindenpflege› offiziell als kirchlichen Dienst an den reformierten Blinden anzuerkennen und sie in die Reihe der übrigen Gemeindedienste der Gesamtkirche zu integrieren. 2. Wir ersuchen Sie, in der Konsequenz dieser Anerkennung die Frage zu prüfen, ob nicht die Besoldung des Blindenpflegers von der Kirche übernommen werden könnte.» Die Vertreter von Kirchenrat und RBS trafen sich Mitte Dezember 1972, um den Antrag zu besprechen. Der Kirchenrat machte klar, dass eine Subventionierung durch die Landeskirche nur dann erfolgen konnte, wenn sich die Blindenseelsorge als Körperschaft organisierte. So gründeten die Vorstandmitglieder der Reformierten Blindenseelsorge am 4. Januar 1973 einen Verein gleichen Namens mit klar definierten Statuten, wobei die Zielsetzungen im Wesentlichen den Richtlinien von 1954 entsprachen.

Trotz neuer Rechtsform hatte die Blindenseelsorge mit ihrem Gesuch an den Kirchenrat keinen Erfolg, denn 1973 erhielten sie ein weiteres grosses Legat von 250 000 Franken. Der Kirchenrat begründete seinen erneut negativen Entscheid nun damit, dass «die Voraussetzungen für die Gewährung einer solchen Beitragsleistung zur Zeit angesichts der befriedigenden finanziellen Situation der Blindenpflege noch nicht gegeben sind, dass wir aber bei starkem Vermögensschwund erneut an den Kirchenrat gelangen können.» Es sollte nie dazu kommen, dass sich der Kirchenrat an der Lohnzahlung des Blindenseelsorgers beteiligen musste. Die finanziell neue Situation führte indes dazu, dass sich der Vorstand der RBS für die kommenden Jahre mit Fragen zum Erwerb einer Liegenschaft zwecks Einrichtung eines Büros und einer Wohnung für den Blindenseelsorger auseinandersetzte. 230 000 Franken wurden hierfür beiseitegelegt. Nach einigen Erwägungen entschied sich die RBS Ende der 1970er Jahre für eine Mietwohnung an der Bederstrasse 31, die sie zu günstigen Konditionen von der Kirchengemeinde Enge mieten konnte. Da das Ehepaar Fisler mit ihren zwei Kindern lieber im ruhigen und bereits vertrauten Effretikon blieb, wurde die neue Wohnung von der eingestellten Unterstützungskraft Ruth Mollet (später Tanner) im Frühjahr 1980 bezogen. Bis 1998 behielt die RBS diese Wohnung im Kreis 2. Dann gab sie sie auf, da nach Ruth Tanner und ihrer Nachfolgerin Elisabeth Oesch keine weiteren Unterstützungskräfte eingestellt werden sollten und die RBS sich nicht unnötig mit Mietfragen belasten wollte.

Auf der Suche nach weiteren finanziellen Ressourcen, die das Unternehmen langfristig tragen konnten, wandten sich Präsident Pfarrer Ewald Walter und der Blindenseelsorger Peter Fisler 1981 ans Bundesamt für Sozialversicherungen (BSV) und erhielten vom Vorsteher der Abteilung für Subventionen einen grundsätzlich positiven Bescheid. Aus den Jahresrechnungen wird ersichtlich, dass der RBS rückwirkend ab 1979 Beiträge zuflossen. Bis heute macht die RBS Gebrauch von diesem Recht auf Unterstützung, obschon sie sich um die Jahrtausendwende ernsthaft überlegte, künftig von dieser Subvention abzusehen. Es waren in den 1990er Jahren zwei grosse Legate eingegangen, die den Haushalt entlasteten.

Als das BSV 2001 ein neues Beitragssystem einführte, hatte sich der Vorstand bereits im Vorfeld die Grundsatzfrage gestellt, «ob wir rein um des Geldes willen mitmachen und mitknurren wollen, oder ob wir uns unter diesen Bedingungen, die sich wohl an Theorien, nicht aber am Pulsschlag menschlicher Lebensbewegungen orientieren, vom BSV abkoppeln müssen». Das neue Beitragssystem forderte von den Leistungsbeziehern einen Bedarfsnachweis, eine exakte Leistungserfassung sowie Qualitätssicherungen. Der Vorstand wagte trotz seines finanziell guten Haushaltes nicht, auf die jährliche Subvention des BSV zu verzichten, zumal um die Jahrtausendwende ein Rückgang der Kollekten beobachtet wurde. Die RBS schloss sich dem neuen Beitragssystem an und war fortan mit einem veränderten vertraglichen Setting konfrontiert: Die Unterstützungsgelder flossen nicht mehr direkt vom BSV zur Reformierten Blindenseelsorge. Die RBS musste neu einen Unterleistungsvertrag mit dem Schweizerischen Blindenverband schliessen, der ihr von 2001 bis 2019 die jährliche Subvention auszahlte. Diese rechtliche Anpassung hing damit zusammen, dass das BSV eine Rationalisierung der Ansprechpartner wollte. Über Sammelverträge mit einzelnen grösseren Institutionen realisierte sie dies. Seit 2020 ist die RBS neu einem Sammelvertrag des Schweizerischen Zentralvereins für das Blindenwesen (SZBLIND) angeschlossen und bezieht die Subvention durch das BSV über diese Institution.

Die RBS ist seit 1946 auf dem Kollektenplan der Landeskirche aufgeführt. Die nach der Jahrtausendwende guten finanziellen Verhältnisse führten dazu, dass sie 2003 von dieser Liste gestrichen wurde. «Im Kollektenplan empfehlen wir Organisationen, die einerseits eine unseren Aufgaben nahestehende Funktion erfüllen, anderseits auf Kollektenmittel für ihre Existenz angewiesen sind. Das erste Kriterium trifft [...] zu. Das zweite jedoch nicht mehr.» Der Vorstand nahm dieses Schreiben des Kirchenrates nicht nur zur Kenntnis, sondern befürwortete die Argumentation und somit auch die Streichung vom Kollektenplan. Aufgrund dieser Änderung sank der Kollekteneingang im Folgejahr von knapp 32 000 auf rund 18 000 und in den weiteren drei Jahren auf knapp 12 000 Franken. Mit der 2008 erfolgten Anstellung der neuen Blindenseelsorgerin Ursula Graf und ihrem vermehrten Referatsdienst in den Kirchgemeinden stiegen die Beiträge ab 2009 wieder langsam an. Der Vorstand unter dem neuen Präsidenten Pfarrer Gerhard Bosshard setzte sich dafür ein, dass die RBS 2010 wieder auf den Kollektenplan der Landeskirche kam, denn man wollte auf lange Sicht nicht auf diese wertvolle Verbindung zu den Kirchgemeinden verzichten. Eine weitere wichtige Errungenschaft hinsichtlich Ressourceneinsparung folgte 2017, als es dem Vorstand gelang, die RBS als gemeinnützige Organisation von der Steuerpflicht zu befreien.

INTERVIEW MIT MATTHIAS BÜTIKOFER, GESCHÄFTSLEITER DES SCHWEIZERISCHEN ZENTRALVEREINS FÜR DAS BLINDENWESEN

Herr Bütikofer, SZBLIND vermittelt als Dachorganisation zwischen vielen Institutionen, die im Blindenwesen tätig sind, und dem BSV. Welche Stellung haben Institutionen aus dem Blindenwesen gegenüber anderen Behindertenorganisationen? —— Die Invalidenversicherung gibt es in der Schweiz seit 1960. Gestützt auf Artikel 74 des IVG können Organisationen der privaten Behindertenhilfe ihrer zuständigen Dachorganisation einen Antrag für Unterstützungsgelder stellen, sofern sie gemäss KSBOB beitragsberechtigt sind. Insgesamt stehen dem BSV 160 Mio. Franken zur Verfügung, die auf 22 Dachorganisationen aus dem Behindertenwesen aufgeteilt werden. Um nur einige der grössten Subventionsempfänger zu nennen: Pro Infirmis erhält knapp 42 Millionen, Insieme Schweiz knapp 11 Millionen Franken und der SZBLIND erhält für die beitragsberechtigten Blindenorganisationen ab dem Jahr 2020 eine jährliche Finanzhilfe von 21 Millionen Franken Die RBS hat seit 2020 einen Vertrag beim SZBLIND. Zuvor bezog sie die Finanzhilfe mittels Unterleistungsvertrag vom Schweizerischen Blindenverband.

2019 wurden der RBS knapp 63 000 Franken zugesprochen. Wovon hängt die Höhe des Betrags ab? —— Die Bemessung der Beitragshöhe hängt im Wesentlichen von den Leistungsmengen und dem Eigenfinanzierungsgrad ab — sprich, man berücksichtigt auch andere Ertragsquellen einer Institution wie zum Beispiel Fundraising, Finanzerträge oder Preise für Dienstleistungen. Ferner hängt die Beitragshöhe auch davon ab, wie viele Mittel die einzelnen Organisationen vor der Umstellung des Beitragssystems des BSV im Jahr 2001 erhielten.

2001 war ein Jahr der Umwälzung innerhalb des BSV. Wie haben sich diese Veränderung auf eine Institution wie die RBS ausgewirkt? —— Für die RBS änderte sich zweierlei. Neu verhandelte sie nicht mehr direkt mit dem BSV, sondern mit einer Dachorganisation aus dem Blindenwesen. Via Unterleistungsvertrag mussten sich kleinere Institutionen den grösseren anschliessen. Damit erzielte das BSV eine Rationalisierung von circa 700 auf 22 Ansprechpartner. Daneben wurde von jeder Organisation neu ein Reporting verlangt. Die RBS musste also fortan ihre Leistungen erfassen, damit eine entsprechende Beitragshöhe berechnet werden konnte. Vor 2001 verfolgte das BSV das sogenannte Input-Finanzierungsprinzip. Je mehr fachlich qualifizierte Angestellte eine Organisation hatte, desto höher war der Subventionsbeitrag. Die Effizienz und Effektivität der geleisteten Arbeit konnten dabei nicht wirklich erfasst werden. Als Qualitätsnachweis wurden einzig Diplome von Fachpersonen verlangt. 2001 änderte das BSV seinen Kurs und ging zum sogenannten Output-Finanzierungsprinzip über.[43] Die Kosten eines Betriebs werden seither nicht mehr anhand der Anzahl Angestellter berechnet, sondern anhand der erfolgten Leistungen. Die RBS benutzt für das Reporting die Applikation my:time, ein Online Datenerfassungstool für Behindertenorganisationen, die nach Artikel 74 des IVG beitragsberechtigt sind.

Als Dachorganisation vertreten Sie heute rund 50 ordentliche und rund 20 assoziierte Mitgliedorganisationen, davon erhalten

17 Finanzhilfen gemäss Artikel 74 des IVG. Können Sie näher beschreiben, was zu Ihren Kernaufgaben als Dachorganisation gehört? —— Als Dachorganisation sind wir unter anderem für die Koordination der Interessensvertretung unserer Mitglieder in Politik und vor Behörden zuständig. Ein aktuelles Interventionsfeld ist zum Beispiel die Zugänglichkeit öffentlicher Räume für blinde und sehbehinderte Menschen. Wir betreiben weiter Branchenmarketing, um den Goodwill und die Aufmerksamkeit gegenüber Blinden und Sehbehinderten zu steigern. Vielleicht kennen Sie den Verdienstpreis Canne blanche. Er wird von uns alle drei Jahre verteilt und ehrt innovative, solidarische oder zukunftsgerichtete Projekte im Blindenwesen. Der Preis wurde im September dieses Jahres an die SBB verliehen, die eine besonders nützliche App für blinde Fahrgäste entwickelt haben.

Als Dachorganisation betreiben oder fördern wir auch Forschungen zu Fragen betreffend allerlei Phänomene, die mit Sehbehinderungen in Zusammenhang stehen. Weiter sind wir für die Entwicklung oder den Einkauf optischer Hilfsmittel aus dem Ausland und den Vertrieb an unsere Mitgliedorganisationen in der gesamten Schweiz zuständig.

Ein anderer wichtiger Pfeiler unserer Arbeit ist die Aus- oder Weiterbildung von Fachpersonen unserer Mitgliedorganisationen. Nebst diesen klassischen Aufgaben als Dachorganisation bieten wir auch selbst direkt Beratung und Rehabilitation für taubblinde und hörsehbehinderte Menschen an. Daneben publizieren wir viermal jährlich die Branchenzeitschrift «tactuel».

Worin sehen Sie den Wert einer kleinen Institution wie der RBS? —— Ich finde es sehr wichtig und gut, dass die Figur des schweizerischen Blindenwesens regional und arbeitsteilig und damit vielseitig ausgestaltet ist. Die einzelnen kleinen Organisationen können Neues wagen, denn auch wenn Fehler passieren, halten sich die

Kosten eher bescheiden und es gibt — anders als bei einer zentralistischen Ausrichtung — Korrektive. Durch den Zusammenschluss von vielen kleineren regionalen autonomen Organisationen wird ein Voneinander-Lernen ermöglicht. Ganz allgemein denke ich, dass spezifische Angebote, wie sie die RBS bietet, immer wichtig sind. Auch wenn sie vielleicht nur eine kleinere Gruppe von Interessierten ansprechen, ermöglicht diese Dynamik Unterstützungsleistungen, die die Bedarfsvielfalt von sehbehinderten Menschen adäquat abzudecken vermögen.

NACHWORT

Mit der Aufgleisung dieses Buchprojektes und der tollen Zusammenarbeit mit der Historikerin Angelina Greeff, der ich an dieser Stelle für das gelungene Werk herzlich danke, bewegten mich folgende Fragen: Wie alt ist innerhalb der reformierten Zürcher Landeskirche das Anliegen einer Spezialseelsorge für Blinde und Sehbehinderte? Wie wurden und werden sie beachtet? Wie brachten sie sich selbst in Vergangenheit und Gegenwart in Kirche und Gesellschaft ein?

1909 wurde das Gehörlosenpfarramt, aber kein Pfarramt für Blinde und Sehbehinderte gegründet. Warum? Eine mögliche Antwort hat sich mir durch die Lektüre dieses Buches ergeben – Blinde können einem Gottesdienst folgen und benötigen somit kein Spezialpfarramt (siehe S. 31). Doch sind die Blinden damit auch vollumfänglich in eine Kirchgemeinde integriert? Reformierte haben sich im vergangenen Jahrhundert mit Leib und Seele in der staatlichen Blindenfürsorge oder in Blindenschulen und -werkstätten engagiert. Daher dachte die Landeskirche vermutlich, es bräuchte von ihrer Seite her keine weiteren Dienste an Blinden. Aber Geist und Seele wollen besonders genährt sein. Jesus drückte das so aus: «Nicht vom Brot allein lebt der Mensch, sondern von jedem Wort, das aus Gottes Mund kommt.» (Mt 4,4)

Als Pfarrer und zugleich kantonaler Blindenfürsorger erkannte Armin Steiner früh die Dringlichkeit einer kirchlichen Stelle, wo blinde und sehbehinderte Menschen Gehör finden können. Er gründete die Reformierte Blindenseelsorge und wurde so zum Initiator einer landeskirchlichen Arbeitsgemeinschaft, die sich bis heute sowohl für das seelische als auch für das geistige Wohl Blinder und Sehbehinderter einsetzt.

Die Förderung der Beziehung zwischen Blinden, Sehbehinderten und Sehenden dünkt mich etwas sehr Wichtiges. 2002 ging ich als

Sehender zusammen mit dem blinden Christoph Niggli an die Expo Schweiz. Wir besuchten den Ausstellungsteil in Murten, wo die Kirchen mit sieben Räumen das Thema «Augenblick und Ewigkeit» darstellten. Beim Umhergehen fiel mir auf, wie wichtig es war, möglichst genau zu schildern, was ich sah. Christoph half mir mit Fragen, mein Gesehenes zu ergänzen oder zu korrigieren. Anders ausgedrückt, er half mir, genauer hinzuschauen und somit auch mehr Details wahrzunehmen. Ich bin ihm für diese Erfahrung sehr dankbar. Auch in meiner Vorstandstätigkeit bei der Blindenseelsorge lernte ich immer wieder aufs Neue, mich genauer auszudrücken. Insbesondere musste ich mir bewusst werden, dass Blinde meine Körpersprache nicht sehen können. Daher ist es auch befremdlich, wenn beispielsweise gesagt wird, Blinde könnten über das Gehör genauso gut einer Predigt folgen wie Sehende. Sie sind aber darauf angewiesen, dass ihnen das Nonverbale ebenfalls mitgeteilt wird, so wie dies beispielsweise bei gewissen Filmen mithilfe der Audiodeskription bereits geschieht.

Es ist noch viel zu tun, bis das Behindertengleichstellungsgesetz inner- und ausserhalb der Kirche in den Köpfen und Herzen wahrgenommen wird. Dieses Buch zeigt, dass erst im Miteinander von Blinden, Sehbehinderten und Sehenden wirkliches und gegenseitiges Verständnis aufgebaut werden kann.

Umso mehr bin ich der Evangelisch-reformierten Landeskirche des Kantons Zürich dankbar für die Kostenübernahme des Buchdrucks in Schwarzschrift beim TVZ.

Pfr. Gerhard Bosshard,
Präsident RBS von März 2009 bis September 2020

DANK

Dieses Buch ist über ein Jahr hinweg entstanden und ist als ein Werk vieler zu verstehen. An erster Stelle ein grosser Dank an den Vorstand der Reformierten Blindenseelsorge, der mir diese Aufgabe anvertraute. Ich erhielt durch dieses Buchprojekt Einblicke in eine Welt, die mir bislang unbekannt war.

Ich möchte weiter allen danken, die mir mit Rat und Tat zur Seite standen oder mir ihre Erinnerungen anvertrauten. Durch die aufschlussreichen Gespräche mit Betroffenen oder im Blindenwesen Tätigen gewann das Archivmaterial der RBS an Brisanz und konnte in einen lebendigen Zusammenhang gestellt werden. Die Blindenseelsorgerin Ursula Graf und der ehemalige Vereinspräsident Pfarrer Gerhard Bosshard haben mir bereitwillig von ihren Erfahrungen bei der RBS berichtet. Alfred und Elsbeth Keller, Pfarrer Tobias Günter wie auch Janka Reimmann schilderten in Gesprächen ihren Werdegang als Sehbehinderte oder Blinde und wie sie zur RBS kamen. Um das Leben der bereits verstorbenen Blindenseelsorger der RBS nachzeichnen zu können, war ich stark auf die Mithilfe von Verwandten und Bekannten angewiesen. Hier ein besonderer Dank an Hansjörg von der Crone, Annerös Kündig und Regina Gasser. Heidy Abt erzählte mir von der Bereicherung, die sie durch freiwillige Einsätze bei der RBS erhielt. Matthias Bütikofer beantwortete mir als Geschäftsleiter der SZBLIND Fragen zur finanziellen Seite eines Vereins wie der RBS. Es freut mich auch sehr, dass Helene Zimmermann das Vorwort zu diesem Buch verfasst hat. Als vielseitig engagierte Person und selbst Betroffene ist ihr das Thema Inklusion sehr vertraut.

Ebenfalls von unschätzbarem Wert war der Austausch mit der Schweizerischen Bibliothek für Blinde, Seh- und Lesebehinderte, insbesondere mit René Moser, der mir stets mit viel Interesse und Entgegenkommen Fragen beantwortete und mich auf noch Ungesehenes hinwies.

Wesentlich am Buchprojekt beteiligt waren die Layouterin Katarzyna Czerwiec, Martin Leonhard als Gegenleser und Günther Fässler als Lektor. Alle drei haben hingebungsvoll und mit der nötigen Genauigkeit das Buch erst zu dem gemacht, was es jetzt ist.

Die Publikation beim Theologischen Verlag konnte nur durch den grosszügigen Beitrag der Evangelisch-reformierten Landeskirche des Kantons Zürich realisiert werden.

Abschliessend möchte ich noch meiner Familie und meinem engsten Freundeskreis danken, die mich immer dann tragen, wenn es nötig ist.

Nach einer 75-jährigen, bewegenden Vereinsgeschichte haben die Vereinsmitglieder an der ordentlichen Vereinsversammlung 2021 den Zusammenschluss mit der Blindenseelsorge Schweiz «BSCH» unter dem Dach der gemeinnützigen Stiftung David Dienst Schweiz und damit auch die einhergehende Auflösung des Vereins für reformierte Blindenseelsorge im Kanton Zürich beschlossen. Mit diesem Schritt soll die bedarfsgerechte Unterstützung für seheingeschränkte Menschen und deren Angehörige langfristig gesichert und die vielseitigen Beratungs-, Begleitungs- und Unterstützungsangebote schweizweit ausgebaut werden.

Informationen zur Stiftung David Dienst Schweiz und der Blindenseelsorge Schweiz finden sich auf:
www.david-dienst.ch oder www.blindenseelsorge.ch

ABBILDUNGSNACHWEISE

1 Ulrich Tengler: Layenspiegel. Von rechtmässigen und ordnungen in Burgerlichenn und Peinlichen Regimenten, Strassburg 1530, S. 182.

2 Hans Rebmann: Stahlstich von Rudolf Denzler, um 1830, https://de.wikipedia.org/wiki/Hans_Rebmann#/media/Datei:Blindhans.jpg (6.1.2021).

3 Schweizerische Bibliothek für Blinde, Seh- und Lesebehinderte.

4 Archiv Stiftung St. Jakob. Fotograf unbekannt, Aufnahme 1906.

5 Archiv Schweizerischer Zentralverein für das Blindenwesen. Fotograf und Aufnahmedatum unbekannt.

6 Foto Katarzyna Czerwiec, Februar 2021.

7 Foto Pfarrer Gerhard Bosshard, Dezember 2020.

8 Archiv Bones AG. Fotograf und Aufnahmedatum unbekannt.

9 Archiv Reformierte Blindenseelsorge.

10 Privatbesitz Familie von der Crone. Fotograf und Aufnahmedatum unbekannt.

11 Privatbesitz Familie von der Crone. Fotograf unbekannt, Aufnahme ca. 1955.

12 Archiv Schweizerische Bibliothek für Blinde, Seh- und Lesebehinderte. Fotograf und Aufnahmedatum unbekannt.

13 Archiv Schweizerische Bibliothek für Blinde, Seh- und Lesebehinderte. Fotograf und Aufnahmedatum unbekannt.

14 Archiv Schweizerische Bibliothek für Blinde, Seh- und Lesebehinderte. Fotograf und Aufnahmegerät unbekannt.

15 Privatbesitz Annerös Kündig. Fotograf und Aufnahmedatum unbekannt.

16 Archiv Reformierte Blindenseelsorge. Foto Reto Schlatter, März 2017.

ANMERKUNGEN

Die Quellen der Zitate, die in den Anmerkungen nicht nachgewiesen sind, gehören zum Archivmaterial der Reformierten Blindenseelsorge.

1 Schweizerischer Zentralverein für das Blindenwesen (Hg.): Sehbehinderung, Blindheit und Hörsehbehinderung: Entwicklung in der Schweiz. Eine Publikation zur Frage: «Wie viele sehbehinderte, blinde und hörsehbehinderte Menschen gibt es in der Schweiz?» — Berechnungen 2019, St. Gallen 2019, S. 2.

2 Huldrych Zwingli: «Jene die arbeiten können, sollen sich mit Arbeit ihren Lebensunterhalt verdienen.» Ders.: Schriften, hg. von Thomas Brunnschweiler und Samuel Lutz, Bd. 2, Zürich 1995, S. 305.

3 Für ein vertieftes Verständnis von Armenpflege, Bettelwesen und karitativen Diensten im 15. und 16. Jahrhundert siehe: Gottfried Hammann: Die Geschichte der christlichen Diakonie. Praktizierte Nächstenliebe von der Antike bis zur Reformationszeit, Göttingen 2003, S. 219—234; Walther Köhler: Armenpflege und Wohltätigkeit in Zürich zur Zeit Ulrich Zwinglis, in: 119. Neujahrsblatt, herausgegeben von der Hülfsgesellschaft in Zürich auf das Jahr 1919, Zürich 1919, S. 1—56; Robert Jütte: Tendenzen öffentlicher Armenpflege in der Frühen Neuzeit Europas und ihre weiter wirkenden Folgen, in: Theodor Strohm und Michael Klein (Hg.): Die Entstehung einer sozialen Ordnung Europas, Bd. 1, Heidelberg 2004, S. 78—104.

4 Urkundenbuch der Stadt und Landschaft Zürich, Bd. 10, Zürich 1916, Nr. 3842.

5 Rudolf His: Das Strafrecht des deutschen Mittelalters, 1. Teil, Aalen 1920, S. 519.

6 Lukas Gschwend: Art. Todesstrafe, in: Historisches Lexikon der Schweiz (HLS), Bd. 12, S. 412—413.

7 Fridolin Kurmann: Art. Hungersnöte, in: HLS, Bd. 6, S. 543—545; Katharina Simon-Muscheid: Art. Armut, in: HLS, Bd. 1, S. 507—509.

8 Zitiert nach Wilhelm Vischer (Hg.): Basler Chroniken, Bd. 3, Leipzig 1887, S. 561—562.

9 Deutsches Wörterbuch von Jacob Grimm und Wilhelm Grimm, Leipzig 1854—1961, Bd. 11, Sp. 2541; vgl. auch Katharina Simon-Muscheid: Art. Kleidung, in: HLS, Bd. 7, S. 259: «Gelbe Kugelhüte, auf die drei schwarze Würfel mit weissen Augen aufgenäht waren, schrieb der Rat von Basel 1417 für Zuhälter vor [...].»

10 Eine in modernes Deutsch übertragene Fassung der Zürcher Almosenordnung von 1525 findet sich in Michael Klein: Almosenordnung der Stadt Zürich 1525, in: Strohm/Klein, Entstehung einer sozialen Ordnung, Bd. 2 (wie Anm. 3), S. 100—107.

11 Anne-Lise Head-König: Art. Fürsorge, 1. Mittelalter; 2. Ancien Régime, in: HLS, Bd. 5, S. 33—34.

12 Carlo Wolfisberg: Art. Behinderte, in: HLS, Bd. 2, S. 158—160.

13 Vgl. Matthias Neugebauer: Ulrich Zwinglis Ethik. Stationen — Grundlagen — Konkretionen, Zürich 2017, S. 161—166.

14 Vgl. Zwingli, Schriften, Bd. 1 (wie Anm. 2), S. 321; Gottfried W. Locher: Huldrych Zwinglis Botschaft, in: Zwingliana, Bd. 10, Heft 10, 1958/2, S. 591—602.

15 Hans von Rütte: Art. Bauernkrieg (1525), in: HLS, Bd. 2, S. 90—93.

16 Markus Schär: Bestialische Bestrafung: Pfarrer verliert Augenlicht, weil er die Bauern unterstützte, in: St. Galler Tagblatt, 24. 8. 2018.

17 Reinhold Kretschmer: Geschichte des Blindenwesens vom Altertum bis zum Beginn der allgemeinen Blindenbildung, Ratibor 1925, S. 168—170.

18 Günther Schmohl: Louis Braille, ein Blinder erfindet die Blindenschrift, www.dbsv.org/louis-braille-ein-blinder-erfindet-die-blindenschrift.html (6. 1. 2021).

19 Rechenschaftsbericht der Hülfsgesellschaft in Zürich, 1810, S. 6 f. Stadtarchiv Zürich, VII. 187.: 1.
20 Neue Zürcher Zeitung, 19. 8. 1858, S. 2: ohne Titel.
21 Theodor Schwyter: 75 Jahre Schweizerische Blindenschriftbibliothek Zürich, Zürich 1980, S. 3.
22 Christian Baertschi: Art. Theodor Staub, in: HLS, Bd. 11, S. 828.
23 Schwyter, Blindenschriftbibliothek (wie Anm. 21), S. 7.
24 Ebd., S. 5.
25 Schweizerische Caritasaktion der Blinden: Bibliothekskonzept vom 28. 9. 1988, S. 1. Archiv RBS.
26 Schwyter, Blindenschriftbibliothek (wie Anm. 21), S. 9—10.
27 Protokoll des Kirchenrates, 1951, Staatsarchiv Zürich, TT 1.75, Nr. 216 q.
28 Protokoll des Kirchenrates, 1952, Staatsarchiv Zürich, TT 1.76, Nr. 58 w.
29 Hugo von der Crone: Rückblick auf mein Leben. Privatbesitz Familie von der Crone.
30 Crone, Rückblick (wie Anm. 29).
31 Ebd.
32 Der «Schweizerische Blindenbote» wurde in Königsberg gedruckt. Carl Strehl (Hg.): Handbuch der Blindenwohlfahrtspflege, Berlin 1927, S. 266.
33 Ebd., S. 258.
34 Neue Zürcher Zeitung, 21. 3. 1951, Morgenausgabe, Nr. 621, S. 3: Pro Infirmis. Eine Pressekonferenz in Zürich.
35 Schwyter, Blindenschriftbibliothek (wie Anm. 21), S. 10—11.
36 Ebd., S. 12.
37 Ebd., S. 12—13.
38 Neue Zürcher Zeitung, 23. 5. 1956, Morgenausgabe, Nr. 1476, S. 2: Für ein neuzeitliches Blindenhaus in Zürich.
39 Strehl, Handbuch (wie Anm. 33), S. 278.

40 Lebenslauf von Peter Fisler, verfasst von seinen Kindern Rahel und Daniel Fisler und seiner Lebenspartnerin Regina Gasser, März 2014. Privatbesitz Regina Gasser.

41 In den Archivunterlagen wird Bezug genommen auf die Volksinitiative «Gleiche Rechte für Behinderte» und auf das Behindertengleichstellungsgesetz vom 1.1.2004.

42 Rudolf Naegeli: Menschen mit Behinderung in der Kirche und das Angebot der Kirche, Diskussionshintergrund I vom 27.11.2006 und Diskussionshintergrund II vom 6.12.2006. Archiv RBS.

43 Die Umstellung von der Input- zur Output-Finanzierung wurde bereits 1997/98 vom BSV angekündigt und natürlich nicht von allen betroffenen Institutionen begrüsst. Wir erinnern uns an die Bedenken des damaligen Präsidenten der RBS, Pfarrer Peter Ruch. Er warf an der Sitzung vom 17. April 1998 die Frage auf, «ob wir rein um des Geldes willen mitmachen und mitknurren wollen, oder ob wir uns unter diesen Bedingungen, die sich wohl an Theorien, nicht aber am Pulsschlag menschlicher Lebensbewegungen orientieren, vom BSV abkoppeln müssen».